Himmlische Boten
Engelworte vom Schlossbalkon

Udo Hahn

Himmlische Boten

Engelworte vom Schlossbalkon

Mit Illustrationen von Caro Scharrer

Wenn nicht anders vermerkt, sind Bibelzitate der Lutherübersetzung 2017 entnommen.

Bibliografische Information der Deutschen Nationalbibliothek: Die Deutsche Nationalbibliothek verzeichnet diese Publikation in der Deutschen Nationalbibliografie; detaillierte bibliografische Daten sind im Internet über http://dnb.d-nb.de abrufbar.

© 2024 by edition chrismon in der Evangelischen Verlagsanstalt GmbH · Leipzig
Printed in Germany

Das Werk einschließlich aller seiner Teile ist urheberrechtlich geschützt. Jede Verwertung außerhalb der Grenzen des Urheberrechtsgesetzes ist ohne Zustimmung des Verlags unzulässig und strafbar. Das gilt insbesondere für Vervielfältigungen, Übersetzungen, Mikroverfilmungen und die Einspeicherung und Verarbeitung in elektronischen Systemen u.a. zum Zweck des Text- und Data-Minings.

Das Buch wurde auf alterungsbeständigem Papier gedruckt.

Gesamtgestaltung: FRUEHBEETGRAFIK · Thomas Puschmann, Leipzig
Illustrationen: © Caro Scharrer, Lauf an der Pegnitz
Druck und Bindung: BELTZ Grafische Betriebe GmbH, Bad Langensalza

ISBN 978-3-96038-393-2
www.eva-leipzig.de

Vorwort

Engel gibt es. Ich begegne ihnen täglich. Mal sind es Menschen, die mich zum Lachen bringen, mich inspirieren. Mal ist es eine Berührung, die mich innehalten lässt. Im Duft einer Rose sind sie gegenwärtig – und auch in einem Tier. Engel sind da. Unerwartet. Dazwischen. Irgendwie zwischen allem. Festhalten lassen sie sich nicht. Aber für einen Moment spüre ich: Jetzt ist alles stimmig und gut. Der Poet und Sänger Leonard Cohen singt in einem Lied: „There is a crack in everything. That's how the light gets in." – „Es gibt einen Riss in allem. So kommt das Licht herein." Das genau ist der Augenblick, in dem er da ist: der Engel.

„Engel sind Bilder für eine Wirklichkeit, über die man nur in Bildern sprechen kann." Mit dieser Definition hat der Benediktinermönch Anselm Grün die vielleicht treffendste Erläuterung dafür geliefert, was Engel bedeuten. Und was sich an Erfahrungen mit ihnen verbindet, die sich schwerlich anders erklären lassen, als dass eine Macht im Spiel ist, die mir beisteht. Wenn zum Beispiel etwas gut ausgegangen ist, das nicht einfach als Zufall, sondern als „Bewahrung" erlebt wird.

Engel hinterlassen Spuren. Zum Beispiel in der Literatur. Ilse Aichinger schreibt: „Besser keine Welt als eine Welt ohne Engel." Oder Rainer Maria Rilke: „… er (der

Engel) lernte das Schweben, ich lernte das Leben, und wir haben langsam einander erkannt".

Die Kunst prägt bis heute wesentlich unser Bild von Engeln. Um es mit dem Schriftsteller Rudolf Otto Wiemer zu sagen: „Es müssen nicht Männer mit Flügeln sein ..." Aber so können sie natürlich aussehen. Oder schwebend und ohne Flügel hat sie Ernst Barlach in Bronze gegossen. Als Friedensengel thronen sie in vielen Städten auf Säulen. Mal werden sie mit dem Gesicht eines Löwen dargestellt, mal mit dem eines Adlers. Die möglicherweise berühmtesten Engel sind zwei Kleinkinder mit Flügeln in Raffaels „Sixtinischer Madonna", der sie mit abwartend-gelangweiltem Blick auf einer Wolke schwebend ins Bild setzt. Diese Darstellung ist auf Tassen, T-Shirts und Kerzen im Alltag präsent.

In der Musik werden Engel besungen – geradezu herbeigefleht, etwa in dem Lied der Band Real Life: „Send me an angel, right now." Und die Wise Guys sehen im Engel einen, der „dir deinen Weg weist", „der dir richtig zuhört", „der dir wieder Mut macht", um im Refrain zusammenzufassen: „Dieser Engel ist da / Um dich zu schützen und zu halten / Dieser Engel ist da / Jeden Tag in verschiedenen Gestalten / Er lässt dich nie im Regen stehen / Er lässt dich nie allein / Doch er ist leicht zu übersehen / Denn er kann überall sein."

Auch im Kino sind sie zu bestaunen: als Boten aus dem Jenseits mit unterschiedlichen Aufträgen. In Wim Wenders' „Der Himmel über Berlin" etwa wechselt der

Engel Damiel die Seiten. Aus Liebe zu einer Trapezkünstlerin entscheidet er sich gegen die Unsterblichkeit und für die Endlichkeit des Menschlichen. Nicht zu vergessen die US-amerikanische Fernsehserie „Ein Engel auf Erden". Sie handelt von dem verstorbenen und als Engel auf die Erde zurückgekehrten Jonathan Smith und seinem menschlichen Partner Mark Gordon. Beide sind im Auftrag Gottes unterwegs und helfen dort, wo sie gebraucht werden, Situationen zum Guten zu wenden.

Engel haben Konjunktur. Die „gelben Engel" des ADAC sind hoch geschätzte Pannenhelfer. Und mit dem „blauen Engel" sind besonders umweltschonende Produkte gekennzeichnet.

Und auch wenn immer weniger Menschen an Gott glauben, so sind Engel eine Metapher, die selbst in der Vorstellungswelt nichtreligiöser Zeitgenossen doch gut zu passen scheint. Sie sind zu „Platzhaltern unserer Sehnsucht" geworden, wie der Schriftsteller Oliver Kohler anmerkt.

In der Bibel kommen sie gut 300 Mal vor. Engel bedeutet in der altgriechischen Sprache „angelos", ins Deutsche übersetzt: Bote. Der Auftrag: eine Botschaft Gottes überbringen. Mahnen, ermutigen, trösten. Der Theologe Claus Westermann schreibt: „Käme kein Engel mehr, dann ginge die Welt unter. Solange Gott die Erde trägt, schickt er seinen Engel." In seinem Boten ist es Gott selber, der die Erde berührt, so Westermann: „Engelgeschichten bezeugen eine andere Möglichkeit, wie Gott den Menschen begegnet."

Die Nähe Gottes durch Engel im Leben aufzuspüren, ihre Spuren sichtbar zu machen – das ist die Idee dieses Buches. Mit Motiven der Künstlerin Caro Scharrer. Was mir an ihren Engeln gefällt: Sie strahlen eine positive Energie aus. Lebensfreude. Sie tragen – ganz klassisch – wallende Gewänder, aber auch Jeans und Sneakers. Sie erscheinen in unterschiedlicher Gestalt. Ihre Einsätze sind immer herausfordernd: Sie hängen an einem Fallschirm oder sitzen in der Achterbahn. Unaufhörlich sind sie zwischen Himmel und Erde unterwegs. Sie leiden mit den Menschen. Mal sind sie frustriert, mal zeigen sie ihre geradezu kindliche Freude. Sie sind da, wenn sie gebraucht werden. Sie öffnen Türen, führen zusammen, beflügeln. Die Engel, die Caro Scharrer zeichnet, sind stets im Einsatz: in den Wüsten des Lebens und mitten im Alltag. Mit ihnen gibt es Zukunft.

Zwei Bilder der Künstlerin dienten als Motiv für Weihnachtskarten, die die Evangelische Akademie Tutzing verschickte – mit einer Deutung des Bildes. Die große Resonanz auf die Karten führte zur Idee dieses Buches. Caro Scharrers Zeichnungen stehen für sich. Sie nehmen biblische Texte auf, erzählen Geschichten, setzen eigene Akzente und inspirieren zum Weiterdenken. Meine Gedanken dazu spiegeln eigene (Glaubens-)Erfahrungen wider – im Zusammenhang von Glaube, Politik und Gesellschaft. Darum geht es in der Evangelischen Akademie Tutzing. Diese Denkwerkstatt hat den Auftrag, Menschen zusammenzubringen – Interessierte, Multiplikatoren,

Entscheider –, Freiräume für den Diskurs zu öffnen, Zivilgesellschaft zu fördern, Demokratie zu stärken, Zusammenhalt zu stiften, Lösungen zu entwickeln und zu ihrer Umsetzung zu ermutigen.

Es ist meine Erfahrung, dass an diesem Kraftort nicht nur überzeugende Argumente wirken, sondern auch ein Geist, der Menschen zum Guten motiviert. Diesem Geist, den Engel für mich verkörpern, ist diese Publikation gewidmet – und all jenen, die sich sichtbar oder unsichtbar und doch spürbar von ihm inspirieren lassen. Engel, die halten und helfen, trösten und heilen, erklären und mobilisieren. Die als Botschafter, Begleiter und Gefährtinnen, Boten des Friedens und der Liebe unterwegs sind. Gute Mächte eben, die Hoffnung machen. Die Himmel und Erde verbinden. Deren Wirken geheimnisvoll ist und doch erfahrbar. Die Glücksmomente im Alltag stiften. Manchmal schweben, stehen, klettern oder umarmen. Oder einfach nur dasitzen – wie auf dem Schlossbalkon der Akademie.

Udo Hahn
im Juli 2024

Inhalt

12 / Der Engel, der Konsens stiftet

19 / Der Engel mit dem Regenbogen-Fallschirm

26 / Der Engel, der für mich sorgt

33 / Der Engel, der Kopf steht

40 / Der Engel, der vernetzt und wachsen lässt

47 / Der Engel, der ins Licht führt

54 / Der Engel, der das Unrecht sieht

59 / Der Engel, der Himmel und Erde verbindet

66 / Der Engel, der Türen öffnet

73 / Der Engel, der Achterbahn fährt

80 / Der Engel, der zu Gast ist

87 / Der Engel, der die Welt rettet

94 / Der Engel, bei dem es fünf nach zwölf ist

101 / Der Engel mit der Spraydose

106 / Der Engel, der mir den Stein von der Seele wälzt

113 / Der Engel, der die Welt im Gleichgewicht hält

Der Engel, der Konsens stiftet

„Es sind die Kompromisslosen, die unsere Freiheit bedrohen, nicht die Kompromissbereiten."

KURT SONTHEIMER

In der Evangelischen Akademie Tutzing tagen auch sie gerne und treffen sich regelmäßig auf Konferenzen – nur für Engel –, wie Caro Scharrer durch eine Hervorhebung an passender Stelle sichtbar macht. Engel haben immer etwas zu besprechen. Die Liste ihrer Themen und Herausforderungen ist lang. Eindeutige Lösungen liegen nicht immer auf der Hand. Selbst Engel diskutieren, wägen ab, wahrscheinlich streiten sie auch.

Die Rotunde der Akademie ist der ideale Ort für den Diskurs. Der von Olaf Andreas Gulbransson 1959 konzipierte Raum, fördert durch die Architektur das Gespräch untereinander. Da kann sich niemand in die Zuschauerrolle zurückziehen. Das ist auch gut so, denn jeder und jede hat etwas einzubringen. In der Debatte werden Standpunkte geklärt, Lösungen oder Teillösungen entstehen. Aus dem gemeinsamen Nachdenken wird ein Vorausdenken.

In jeder Veranstaltung mischen sich Engel unter die Teilnehmenden. An der Debattenkultur ist es zu erkennen. Sie inspirieren geistvolle Beiträge, entkrampfen verfahrene Situationen. Manchmal sorgen sie in hitzigen Debatten für Abkühlung. Und sie lassen Perspektiven entstehen, die oft erst mit Verzögerung wirken. Etwa als Egon Bahr 1963 das Motto der Ostpolitik Willy Brandts – „Wandel durch Annäherung" – entwickelte. Oder Jürgen Micksch 1986 die Hilfsorganisation Pro Asyl gründete.

Der gute Geist der Engel wird immer gebraucht, denn die Fragen sind nicht trivial. Wie wollen wir zusammen leben? Und wohin führt die Entwicklung in unserem Land, aber auch weltweit? Der Glaube an die Stabilität der Strukturen bei uns, die bisher als absolut verlässlich galten, hat längst Risse bekommen. Ganz grundsätzlich gefragt: Ist ein so komplexes System wie unser Gemeinwesen angesichts der vielen Krisen überhaupt zukunftstauglich? Auf den ersten Blick wirkt es robust. Bei genauerem Hinsehen zeigt sich, es ist stabil und fragil zugleich. Bisherige Bedrängnis konnte stets gemeistert werden. Die Verknüpfung aller Elemente, die die Funktionsfähigkeit garantiert, klappte. Unsere Demokratie verfügt über eine entsprechende Selbststeuerfähigkeit. Und sie ist anpassungsfähig an Veränderungen. Bisher war das jedenfalls so.

Komplexität ist nicht per se die Ursache für Probleme. Krisen entstehen immer durch Vereinfachung. Beziehungsweise dadurch, dass die Komplexität nicht verstanden oder gar geleugnet wird. Wer sich mit Systemtheorien beschäftigt, erkennt, dass es eine gewisse Robustheit der Strukturen braucht, um in Krisen bestehen zu können. Mehr noch als Robustheit ist Resilienz nötig – eine Widerstandsfähigkeit, die entsteht, wenn man aus Krisen lernt, also die Fähigkeit entwickelt, durch Störungen hindurch wieder aufgerichtet weitergehen zu können.

Es gibt noch eine Steigerung von Resilienz. Der Begriff heißt Emergenz und kommt aus dem Lateinischen, wörtlich übersetzt: auftauchen, emporsteigen, herauskommen. Emergente Systeme sind nicht nur zur inneren Wandlung fähig, sondern zugleich auch innovativ. Wenn man so will:

die Selbstorganisation in ihrer besten Form, praktisch unzerstörbar.

Ist Deutschland, ist Europa in der beschriebenen Weise emergent? Die Antwort auf diese Frage hängt vom Blickwinkel ab. Meines Erachtens schauen wir zu sehr auf die Entwicklungen vor einhundert Jahren und dann vor allem auch mehr auf den Weg in den Untergang als auf die bemerkenswerten Aufbrüche 1918/19: etwa die Etablierung einer demokratischen Verfassung und Wahlen, bei denen erstmals alle, auch Frauen, wählen durften. Anfangs ist es der Weimarer Republik gelungen, die Herausforderungen zu meistern.

Ich empfehle den Blick auf die Zeit nach dem Zweiten Weltkrieg, die Gründung der Bundesrepublik Deutschland und die Entwicklung seither in Europa. In dieser Geschichte liegt für mich der Vergewisserungsgrund, dass auch die aktuellen Zuspitzungen überwunden werden und die europäische Vision von Menschlichkeit, Gerechtigkeit, Freiheit und Frieden die Entscheidungen in eine positive Richtung lenkt. Der Blick auf die Geschichte der Bundesrepublik Deutschland gibt mir jedenfalls die Zuversicht, dass die Kräfte, die letztlich für ein Aus der Demokratie stehen, keine Chance haben werden.

Der Erfolg der Demokratie hat mit zwei Begriffen zu tun, die zugleich für eine Haltung stehen: Konsens und Kompromiss. Konsens heißt Übereinstimmung, und Kompromiss beschreibt das Ergebnis eines Prozesses, der Übereinstimmung zum Ziel hat. Das ist etwas Gutes.

Steckt dahinter doch die Überzeugung, dass ein Konflikt gemeinschaftlich gelöst werden kann – trotz unterschiedlicher Interessen. Der Soziologe Georg Simmel rechnete den Kompromiss deshalb zu den größten Erfindungen der Menschheit. Diese Auffassung war nie unumstritten, denn in den Tugendlehren ist der Kompromiss negativ besetzt. So hat sich in der deutschen Sprache zum Begriff „Kompromiss" das Eigenschaftswort „faul" hinzugesellt.

Dabei ist die Bundesrepublik Deutschland ein gutes Beispiel, wie es gelingen kann, Konflikte politisch und auch sozial verträglich auszutragen. Wo dies geschah und geschieht, bleibt jedoch meist eine Ambivalenz – eine Mehrdeutigkeit und keine Eindeutigkeit. Das gehört zum Wesen der Demokratie. Und es ist ihre unübersehbare Stärke. Ihre Stärke bleibt es aber nur dann, wenn über den Wert des Konsenses auch Konsens besteht.

Hier zeichnen sich seit langem Veränderungen ab und ihre Auswirkungen. Nach wie vor ist Deutschland eine Konsensgesellschaft. Das belegen Meinungsumfragen klar. Demnach missbilligt die weit überwiegende Mehrheit der Deutschen Streit, wenn er sich vehement und ungezügelt artikuliert. Genau dies aber charakterisiert zunehmend die Debatten. Deshalb müssen die Regeln für eine demokratische Streitkultur verteidigt werden – von allen gesellschaftlichen Institutionen und von den Bürgerinnen und Bürgern.

Die Evangelische Akademie Tutzing ist ein Ort, an dem dies geschieht. „Der Weg der Reflexion ist der Weg des Kompromisses" – Worte der portugiesischen Schriftstellerin Agustina Bessa-Luís, die diesen Auftrag treffend beschreiben. Bei uns wird seit der Gründung 1947 das eingeübt, was der Politikwissenschaftler Andreas Püttmann als die „schönsten Früchte des Christentums" beschreibt: Empathie, Demut und Gelassenheit. Wo sie in der Gesellschaft zur Entfaltung kommen, wirken sie segensreich. Empathielosigkeit, Hybris und Dauererregtheit, so nennt Püttmann die Früchte der Populisten. Ihre Wirkung ist verheerend.

Der Politikwissenschaftler Kurt Sontheimer, einst Leiter des Politischen Clubs der Akademie, hat 1997 in einem Essay ein „Lob des Kompromisses" angestimmt: „Dieses Lob gründet auf meiner Überzeugung, dass ein Kompromiss, welche Fehler ihm auch anhaften mögen, höher steht als eine Anordnung oder ein Befehl, die ein Ausfluss von Gewalt sind. In der Praxis des Kompromisses artikuliert sich die Freiheit. Es sind die Kompromisslosen, die unsere Freiheit bedrohen, nicht die Kompromissbereiten", so Sontheimer.

Dass wir unsere Freiheit aufs Spiel setzen – das kann niemand ernsthaft wollen.

Der Engel mit dem Regenbogen-Fallschirm

„Meinen Bogen habe ich gesetzt in die Wolken;
der soll das Zeichen sein des Bundes zwischen
mir und der Erde."

1. MOSE 9,13

Diktaturen halten sich selbst für stark, unüberwindbar und schier unbesiegbar – überlegen gegenüber anderen. Ihre Macht baut auf die Dominanz einer Partei, die Gleichschaltung des gesellschaftlichen und kulturellen Lebens und die Unterdrückung von Diskurs und Widerspruch jedweder Art. Freie Medien, eine unabhängige Justiz und eine starke, vielgestaltige Zivilgesellschaft werden entschieden bekämpft.

Zugleich gilt: In Diktaturen regiert die Angst. Die Sorge, doch nicht alle und alles kontrollieren zu können. Die war und ist berechtigt. Denn immer gab und gibt es Menschen, die sich der Macht der Einschüchterung widersetzten. Mit Mut und List Widerstand leisteten. Und ihren Widerstand mit dem Leben bezahlten. Hans und Sophie Scholl und die Mitglieder der Weißen Rose, Dietrich Bonhoeffer und der Widerstand des 20. Juli in der Zeit der NS-Diktatur; der russische Aktivist Alexej Nawalny; Jina Mahsa Amini und der Kampf iranischer Frauen für Gerechtigkeit, Freiheit und Menschenrechte.

Die Mittel des Widerstands sind im Vergleich zur (Waffen-)Gewalt der Diktaturen bescheiden, aber doch wirkungsvoll. Mal ist es ein Flugblatt, das Diktaturen in ihrem Fundament zu erschüttern vermag, mal ein Aufnäher, wie ihn die Aktion des sächsischen Landesjugendpfarrers Harald Bretschneider Anfang der 1980er Jahre nutzte: „Schwerter zu Pflugscharen" wurde zum Motto der kirchlichen Friedensbewegung – und ihr Symbol die Bronzeskulptur des russischen Bildhauers Jewgeni Wiktorowitsch Wutschetitsch. Es zeigt einen Mann, der ein Schwert zu einem Pflug umschmiedet. Das Werk trägt den Titel „Lasst uns unsere Schwerter zu Pflugscharen schmieden". Es nimmt ein Wort aus dem Buch des Propheten Micha im Alten Testament auf: Dies ist eine Referenz auf das Alte Testament, in dem sich das Motiv an mehreren Stellen findet. So etwa im Buch Micha (4,3): „Er wird unter vielen Völkern richten und mächtige Nationen zurechtweisen in fernen Landen. Sie werden ihre Schwerter zu Pflugscharen machen und ihre Spieße zu Sicheln. Es wird kein Volk wider das andere das Schwert erheben, und sie werden hinfort nicht mehr lernen, Krieg zu führen." 1959 schenkte die Sowjetunion die Skulptur den Vereinten Nationen. Seitdem steht sie im Garten des UNO-Hauptgebäudes in New York und erinnert an die Friedensziele der UN-Charta. Dass Erich Honecker mit seiner SED-Diktatur die Träger dieses Aufnähers unerbittlich verfolgen ließ, zeigt, wie ernst er diese Aktion nahm.

Zuletzt sind die Farben des Regenbogens – rot, orange, gelb, grün, blau, indigo und violett – mancherorts zu einem Politikum geworden, das strafrechtliche Folgen nach sich zieht. So hat die UEFA bei der Vorrunden-Partie der Europameisterschaft 2020 (wegen der Pandemie im Juni 2021 ausgetragen) Ungarn gegen Deutschland verboten, dass die Münchner Allianz Arena in Regenbogenfarben erstrahlt. Münchens Oberbürgermeister Dieter Reiter sprach vielen aus der Seele, als er von UEFA und DFB forderte, während des Spiels mit der Regenbogenbeleuchtung ein „weithin sichtbares Signal für unser gemeinsames Werteverständnis zu senden".

Die Aufregung um das Verbot ist nachvollziehbar. Denn das ungarische Parlament hatte gerade erst beschlossen, was etwa in Russland längst gilt: die Rechte von Schwulen, Lesben, Bisexuellen und Transgender mit dem regenbogenfarbigen Logo der LGBTQIA+-Community stark einzugrenzen. Ein klarer Verstoß gegen die EU-Grundrechte-Charta, die UN-Kinderrechtskonvention und die Rechtsprechung des Europäischen Gerichtshofs für Menschenrechte.

DFB-Kapitän und Torhüter Manuel Neuer sorgte mit seiner Regenbogen-Armbinde für Gesprächsstoff. Die UEFA startete eine Prüfung, stellte diese dann aber wieder ein. Der Lyriker, Theaterautor und Torhüter wie Kapitän der Deutschen Autoren Nationalmannschaft, Albert Ostermaier, dichtete unter dem Titel „Regenbogen":

wo einst das hakenkreuz / am arm ins auge stach / ist die binde nicht mehr / blind sondern bunt der spielführer führt den / regenbogen auf den rasen / wo jeder der spielt ganz / mensch ist und nicht rasse / und jeder pass einen raum / öffnet statt ihn schliesst / mit stacheldrähten und / strafe die haut des balls / ist das spiel sein geschlecht / die freiheit die seiten zu / wechseln so verschieden wir / auch sind bleibt unser ziel / gemeinsam ich bin was ich / will der bogen nach dem / regen.

Selbst an einer Kirche aufgehängt, sorgt die Regenbogenfahne für Wirbel – wie etwa an der Marienkirche im sächsischen Pirna. Das Symbol für die Freiheit sexueller Orientierungen anlässlich des Internationalen Tages gegen Homo-, Bi-, Inter- und Transfeindlichkeit bezeichnete Pirnas parteiloser Oberbürgermeister Tim Lochner als „billige politische Einmischung".

Völlig vergessen scheint dabei die Bedeutung des Regenbogens in der biblischen Urgeschichte – als Zeichen für den Bund zwischen Gott und den Menschen. Nach der Sintflut macht Gott seinen Frieden mit den Menschen: „Ich will hinfort nicht mehr die Erde verfluchen ... Solange die Erde steht, soll nicht aufhören Saat und Ernte, Frost und Hitze, Sommer und Winter, Tag und Nacht." (1. Mose 8,21f.) Gott bekräftigt sein Versprechen, indem er auf den Regenbogen verweist: „Meinen Bogen habe ich gesetzt in die Wolken; der soll das Zeichen sein des Bundes zwischen mir und der Erde." (1. Mose 9,13)

Ein Blick auf die orientalische Umwelt zeigt, dass sich der Gott der Bibel mit diesem Ansatz deutlich unterscheidet. Im Schöpfungsmythos der Babylonier tötet der Schöpfergott Marduk die Göttin Tiamat mit dem Bogen und ermöglicht so das Leben. Zum Zeichen des Friedens befestigt der Himmelsgott den Bogen am Firmament, um den Fortbestand der Welt zu symbolisieren. Im Unterschied zur biblischen Erzählung, in der sich der Bogen als Waffe zum Symbol des Friedens als Regenbogen wandelt, bleibt der Bogen im babylonischen Mythos militärisch präsent und ein Symbol für Krieg und Gewalt.

Im Regenbogen als Naturphänomen erinnert Gott an sein unverbrüchliches Versprechen zum Gewaltverzicht gegenüber seiner Schöpfung.

Caro Scharrers Engel planen als himmlische Heerscharen, so scheint es, die Invasion des Guten. Mit dieser kommt alles, was zum guten Leben gehört: Miteinander, Freundschaft, Zusammenhalt, Respekt, Wertschätzung. Wo dies alles gelebt wird, bleibt es nicht ohne Wirkung. Um genau diese Wirkung zu verhindern, unternehmen Diktaturen alles, um das Gegenteil zu erreichen: Gegeneinander, Feindschaft, Zwietracht, Ressentiment, Hass.

Es bleibt dabei: In „Somewhere over the rainbow" singt Judy Garland 1939 in dem Spielfilm „Der Zauberer von Oz" von der Sehnsucht, dass „Irgendwo über dem Regenbogen" „Träume wahr werden". Die Komponisten Harold Arlen und Edgar Y. Harburg siedeln dort ihre Hoffnung an, dass auch die schlimmsten Zeiten eines Tages vorüber sein werden. Die Engel sind die Hoffnungsboten, dass auf unserer Seite des Regenbogens sich diese Sehnsucht erfüllt.

Der Engel, der für mich sorgt

„Steh auf und iss.
Denn du hast noch einen weiten Weg vor dir."

1. KÖNIGE 19,7

"Bin ich nur erschöpft – oder ist das schon ein Burnout? Teste deine Symptome!" Ich sitze beim Zahnarzt im Wartezimmer und durchblättere Magazine. Ein Schnelltest über Burnout ist meistens dabei. Ich mache mich gleich an die Arbeit, die einzelnen Fragen zu beantworten.

Ob ich müde bin, lautet die erste Frage. Als Antworten werden angeboten: niemals, sehr selten, selten, manchmal, oft, meistens. „Manchmal", kreuze ich an und notiere in Gedanken die Punktezahl. Weiter geht's: ob ich mich niedergeschlagen fühle. Dann: ob ich einen guten Tag habe; körperlich oder emotional erschöpft bzw. glücklich oder unglücklich bin – und so weiter. Am Ende schaue ich, in welcher Kategorie ich lande. Da heißt es: „Sie sind akut nicht gefährdet, benötigen keine weitere Hilfe. Eine weitere Burnout-Untersuchung durch Ihren Arzt ist nicht notwendig." Ich bin beruhigt. Wobei: Manche Frage kann ich gar nicht eindeutig beantworten. Je nachdem hätte die Punktzahl auch variieren können. Und das Testergebnis hätte vielleicht eine Burnout-Gefährdung angezeigt. Für mich ist das Ganze eher eine Spielerei. Für viele hingegen bitterernst.

Burnout – der Begriff wurde durch den Schriftsteller Graham Greene und den amerikanischen Psychologen Herbert Freudenberger in den 1970er Jahren geprägt. Es handelt sich um die Krankheit unserer Zeit. Ein Zustand andauernder Erschöpfung, ein „Ausgebrannt-und-leer-Sein". Die Symptome sind vielfältig: anhaltende Überlastung, emotionale Erschöpfung, erhöhte Reizbarkeit, Verlust der eigenen Leistungsfähigkeit.

Manche Fachleute schätzen, dass jeder fünfte Berufstätige einmal im Erwerbsleben ausbrennt. Die Statistiken der Krankenkassen zeigen: Die Zahl derer, die sich aufgrund eines Burnout-Syndroms krankschreiben lässt, ist in den vergangenen Jahren gestiegen.

Betroffen sind alle Bevölkerungs- und Berufsgruppen. Besonders gefährdet scheinen vor allem soziale Berufe: Pflegekräfte, Sozialarbeiter, Beschäftigte in Beratungsstellen, Lehrerinnen und Lehrer, aber auch Menschen in Führungsverantwortung. Und es trifft mehr Frauen als Männer.

Leben wir in der anstrengendsten Zeit der Menschheit? Mir kommt es so vor, als sei die heutige Zeit die anstrengendste in der Geschichte der Menschheit. Es ist nicht nur die Arbeit, die einen bis zur Erschöpfung fordert. Ständig gibt es neue Nachrichten zu lesen, meistens von Katastrophen, E-Mails müssen beantwortet werden, schnell noch ein Foto posten. So werden auch dringend benötigte Ruhephasen abgekürzt. Auf der Überholspur ignorieren Betroffene meist alle Warnsignale von Leib, Geist und Seele – bis zum Crash. Den können auch Schicksalsschläge herbeiführen, dass jeglicher Lebensmut verlorengeht.

Der Prototyp für Burnout findet sich übrigens im Alten Testament. 1. Könige 19 erzählt von einer körperlichen, geistigen und emotionalen Erschöpfung, die durch eine Überbelastung entsteht. Das Opfer ist der Prophet Elia (bzw. Elias, wie er auch genannt wird). Einer, der in seiner Aufgabe buchstäblich aufgeht und für sie brennt. Der tritt als politischer Prophet auf, als Mahner und Kämpfer gegen Korruption und für Recht und Gerechtigkeit. Als Aktivist ist er im Dauereinsatz. Jetzt wird er persönlich bedroht, muss fliehen vor der machthungrigen Königin, die ihm nach dem Leben trachtet. Seine Lage scheint hoffnungslos, er bricht unter der Last förmlich zusammen, resigniert. Er will nicht mehr. Er kann auch nicht mehr.

Wie es um seine Gemütsverfassung wirklich steht, lässt sich erahnen, wenn man Felix Mendelssohn Bartholdys Oratorium „Elias" hört. Die Bass-Arie „Es ist genug!" kennzeichnet genau jenen Moment, an dem der Prophet am seelischen Tiefpunkt angekommen ist: „Es ist genug. So nimm nun, Herr, meine Seele. Ich bin nicht besser denn meine Väter. … Ich begehre nicht mehr zu leben, denn meine Tage sind vergeblich gewesen."

Diesen Moment tiefster Niedergeschlagenheit hat Caro Scharrer ins Bild gesetzt. Elia zieht sich in die Wüste zurück. Es ist der Ort äußerster Entbehrung – die Hitze am Tag, die Kälte in der Nacht. Er kauert am Boden, in sich gekehrt, will nichts mehr sehen, nichts hören. Er hat mit allem abgeschlossen, sich aufgegeben. Und er hat nur noch diesen einen Wunsch: sterben.

In diese Situation äußerster Niedergeschlagenheit und Verzweiflung schickt Gott einen Engel. Und der hat eine schlichte Botschaft: Iss was, trink was, steh auf!

Aus dieser Erzählung hat der evangelische Theologe und Diplom-Psychologe Traugott Ulrich Schall 1993 ein therapeutisches Konzept zur Bekämpfung der „Elias-

Müdigkeit" entwickelt, wie er seine Diagnose nennt. In seinem Buch „Erschöpft – müde – ausgebrannt" zeigt er auf, wie der Prophet Hilfe erfährt – und was Menschen in genau dieser Situation helfen könnte: 1. Elia darf von seiner Arbeit ausruhen. 2. Es kümmert sich jemand um ihn. 3. Die Arbeit ist aktuell kein Thema. 4. Gott in dieser Situation zu erfahren, weitet seinen Horizont. 5. Kommende Aufgaben überfordern ihn nicht. 6. Coaching und Supervision sollen dafür sorgen, dass er keinen Rückfall erleidet.

Schalls Hilfskonzept lässt sich durchaus verallgemeinern und ist nicht auf Menschen im Pfarrberuf beschränkt. Der Psychotherapeut Wolfgang Schmidbauer hat mit seinem 1977 erschienenen Werk „Hilflose Helfer: Über die seelische Problematik der helfenden Berufe" einen weiter gefassten Ansatz vertreten. Und im Grunde gilt: Es ist eine menschliche Erfahrung, vom Leben erschöpft zu sein. Dieser Abwärtsspirale kann man nur entgehen, wenn man Rücksicht und Fürsorge durch andere Menschen erfährt. Denn einen Satz wie diesen – „Steh auf und iss" –, den kann sich niemand selbst sagen.

Genau so einen Engel wünsch auch ich mir. Wenn sich die Unterlagen auf dem Schreibtisch türmen und das E-Mail-Postfach aus allen Nähten platzt. Die To-do-Liste immer länger wird und in der Erinnerung ständig aufblinkt: Ich müsste noch … Und für das wirklich Wichtige keine Zeit ist – das Telefonat mit einem Patenkind, das vor einer wichtigen Prüfung steht; die immer wieder aufgeschobene Verabredung zum gemeinsamen Abendessen mit Freunden. In Situationen wie diesen wünsche ich mir einen Engel, der mich besucht. Und mir Kraft gibt, das zu tun, was jetzt dran ist.

Und wie ist es eigentlich Elia weiter ergangen? Der Engel muss ein zweites Mal kommen. Mit einer Ration Brot und Wasser ist es nicht getan. Einmal länger ausschlafen – damit ist die Erschöpfung nicht überwunden. Mich berührt dieser Moment, dass der Engel ein zweites Mal Elia besuchen muss. Für mich ist dies auch ein Fingerzeig, dass Betroffene um sich herum Menschen brauchen, die behutsam und geduldig sind.

Gott hat mit Elia noch viel vor. Der Weg in die Wüste endet nicht in einer Sackgasse. Er führt zurück ins Leben. Und das bleibt anstrengend. Aber neue Aufgaben warten auf ihn. Der Prophet wird gebraucht. Ich auch!

Der Engel, der Kopf steht

„In schwierigen Zeiten gibt es eine gewisse Pflicht zur Zuversicht."

IMMANUEL KANT

Als ich das Bild zum ersten Mal in der Hand hatte, dachte ich, ich halte es falsch herum. Nein, es ist genau so richtig, klärt mich die Künstlerin Caro Scharrer auf. Der Engel steht Kopf. So weit ist es schon, denke ich, dass alles ins Bodenlose stürzt. Die Erde geht unter, verschwindet im Nichts. Und was den Menschen wichtig, gar heilig ist – Frieden, Vertrauen, Zuversicht –, befindet sich im freien Fall. Life ist beautiful? Nein! Das ist für immer mehr Menschen längst Realität. Sie beobachten die Krisen nicht einfach nur, sondern spüren sie am eigenen Leib. Stabilität – das war einmal. Was tun?

Der Philosoph Immanuel Kant schreibt: „In schwierigen Zeiten gibt es eine gewisse Pflicht zur Zuversicht." Das klingt fast, als könnte man sie befehlen, als wäre sie einfach abrufbar. Per Knopfdruck. Aber wer kann das?, frage ich mich. Und wer ist wirklich so frei und souverän, in den ausschlaggebenden Situationen selbstbestimmt entscheiden zu können? Das sind doch nur wenige. Da hat der Denker im Elfenbeinturm gut reden. Und noch weniger trauen sich das. Die Wucht der Krisen lässt inzwischen selbst Zweifel bei jenen aufkommen, für die Hoffnung immer eine Option zu sein schien. Die es wie der Philosoph Karl Popper sehen: „Die Möglichkeiten, die in der Zukunft liegen, sind unendlich. Wenn ich sage ‚Es ist unsere Pflicht, Optimisten zu bleiben', dann beinhaltet dies nicht nur die Offenheit für die Zukunft, sondern auch das, was wir alle mit allem, was wir tun, dazu beitragen: Wir sind verantwortlich für das, was die Zukunft bereithält."

Klar, die Zukunft ist nichts, was uns Menschen einfach widerfährt. Das ist leicht gesagt. Im Alltag ist von Freiheit und Selbstbestimmung oft nichts zu sehen. Sind wir Zuschauer, was sich auf der Weltbühne ereignet. Und im nahen Umfeld? Enttäuschung und Frust. In solchen Situationen würde ich gerne etwas Hilfreiches sagen. Ein Wort gegen die innere Verbitterung und Verhärtung. Wenn einem der Boden unter den Füßen weggezogen wird, kein Land mehr in Sicht ist und buchstäblich alle Dämme brechen. Etwas sagen, das Mut macht. Nur: Ich fühl mich dann aber selbst meist wie gelähmt und hab Angst, dass alles, was ich sage, nach Durchhalteparole klingt: „Du musst Geduld haben." „Alles braucht eben seine Zeit." Wenn ich so rede, fürchte ich, dass gut Gemeintes den Schmerz eher vergrößert und am Ende auch noch die letzte Schutzschicht reißt.

Kann denn die Kirche nicht mehr Zuversicht und Trost spenden? Diese Erwartung begegnet mir immer wieder in Gesprächen. Wenn all die Krisen – die Kriege, die Erdüberhitzung – einfach nicht aufhören, wenn alles Selbstverständliche in Frage gestellt ist, was trägt dann? Mich treibt diese Frage um. Religion soll Unfassbares fassbar machen, habe ich im Theologiestudium gelernt. Aber kann der Glaube das überhaupt? Ist er damit nicht überfordert? Soll Glaube, soll die Kirche trösten?

Henning Luther, ein evangelischer Theologe des letzten Jahrhunderts, hat sich dazu Gedanken gemacht. Er ist gerade mal 43 Jahre alt, als er stirbt, an den Folgen von

Aids. Schwer von Krankheit gezeichnet, wenige Wochen vor seinem Tod hält er in der Evangelischen Akademie Tutzing einen Vortrag, sein starker Titel: „Die Lügen der Tröster". Ein Glaube, der immer helfen und trösten soll, ist zweckentfremdet, sagt er. Trost, der behauptet, dass alles gut wird oder alles einen Sinn hat, ist eine „Fassadenwelt", kritisiert er. Alles nur Fassade! Hinter der Fassade ist dann eine oft trostlose Welt, die einen um den Verstand bringt und in die Verzweiflung treiben kann. Und das wird beim Trösten gern ausgespart und verdrängt, moniert Luther. Ich finde, er hat recht.

Henning Luther kritisiert die „Individualisierung des Leidens": Einzelne leiden und müssen behandelt und getröstet werden, und die Mehrheit ist stark und gesund. Für mich heißt das im Klartext: Der Einzelne muss halt sehen, wo er bleibt. Wer mit seinen beruflichen, privaten oder gesundheitlichen Krisen nicht klarkommt, kann ja eine Therapie machen oder sich an einen Pfarrer/eine Pfarrerin wenden. Da gibt's dann Trost und Hilfe, dass man wieder funktioniert. Das ist kein Trost, das ist einfach nur zynisch.

Henning Luther sagt sogar: Es könnte sein, dass das Ganze – unsere Welt, wie wir sie kennen – keinen Sinn hat. Sinn behaupten – das ist dann eigentlich Lüge. Tröstlich ist seinen Worten nach, nicht länger lügen zu müssen, nichts länger beschönigen und verteidigen zu müssen. Und doch: Trost braucht es. Er darf nur nicht vertrösten. Nicht wie ein Pflaster, das nicht hält.

Ich schaue auf den Engel, der Kopf steht. Ja, vieles geht schief, läuft in die falsche Richtung. Krieg, Terror, Naturkatastrophen – schon diese Worte auszusprechen, zieht einen runter.

Mich berühren und irritieren die Gedanken dieses noch jungen und schwerkranken Mannes kurz vor seinem Tod. In ihrem Kern steckt ein Funken Wahrheit: Glauben, das ist nicht lügen, nicht beschönigen, sondern: Trostlosigkeit aussprechen und Widersprüche aushalten. So hilfreich und notwendig das ist. Aber dass darin allein der Trost liegen soll – da komm ich nicht mit.

Als trostlos und schwer auszuhalten habe ich die Situation einer Mitschülerin auf dem Gymnasium erlebt. Sie kann nur mit Hilfe von Krücken gehen. Die Ursache ist nicht ein Sportunfall, der irgendwann auskuriert wäre. Sie leidet an Kinderlähmung, erzählt sie. Und sie gehört zu den wenigen, die vielleicht doch eines Tages wieder laufen können. Dass sie keinen Rollstuhl mehr braucht, ist schon eine kleine Sensation. Ihre Mutter bringt sie jeden Tag zur Schule und holt sie auch wieder ab. Dass sie auch im Klassenzimmer auf Menschen angewiesen ist, die sich um sie kümmern, erfahre ich, als wir uns im Unterricht auf eine Brandschutzübung vorbereiten. Ich sitze in der Bank direkt hinter ihr. Die Lehrerin spricht mich und drei weitere Schüler an. „Wenn ihr die Sirene hört und wir das Zimmer schnell verlassen müssen, dann kümmert ihr euch um sie!", schärft sie uns ein. Wie das gehen kann, probieren wir aus. Keiner von uns traut sich, sie anzufassen. Ich hab Angst, dass ich ihr wehtun könnte. Sie lacht! „Ich hab keine Schmerzen, ich kann mich nur nicht so gut bewegen wie ihr", sagt sie. Sie breitet die Arme aus – ich nehm schnell ihre Krücken; ein Mitschüler stellt sich links neben sie, ein anderer rechts, sie legt die Arme auf ihre Schultern. So könnte es auch im Notfall gehen. Der ist in der Schule Gott sei Dank nie eingetreten. Ich habe immer bewundert, dass es für sie normal zu sein schien, mit ihren Krücken zu leben. Ob sie diese jemals losgeworden ist? Ich weiß es nicht. Sie ist weggezogen. Aber ihr Lächeln werde ich nie vergessen. Und wie sie im Religionsunterricht einmal sagte: Gott hält mich.

So einen robusten Glauben wünsche ich mir auch. Dann kann ich aufatmen. Und sogar: aufstehen. Ich spüre, ich muss aus dieser Negativspirale irgendwie aussteigen. Ich drehe den Engel. Jetzt steht er auf stabilem Grund: Frieden, Vertrauen, Zuversicht. Und er hält die Welt in seinen Händen. Fest und sicher. Ja, life is beautiful!

Der Engel, der vernetzt und wachsen lässt

„Was ihr jetzt braucht, ist Geduld"

HEBRÄER 10,36

„Und welche Netzwerke bringen Sie mit?" Diese Frage ist mir noch in jedem Bewerbungsverfahren gestellt worden – ob es um die Stelle eines Redakteurs, eines Pressesprechers oder Akademiedirektors ging. Kontakte sind generell wichtig – für den Wissens- und Erfahrungsaustausch. Netzwerkarbeit ist in vielen Berufen längst ein selbstverständlicher Teil der Arbeit. Die Bandbreite ist riesig: Eins-zu-eins-Netzwerken, Mentoring, Job-Shadowing, strategisches Kaffeetrinken; Online-Netzwerken etwa über Xing und LinkedIn; Karrieremessen, Hackathons, Barcamps, Meetups und vieles mehr. Wo es gemeinsame Interessen gibt, lassen sich meist schnell Kontakte knüpfen. Dabei entstehen oft Freundschaften, die ein Leben lang halten.

Netzwerke braucht es nicht nur im Beruf, sondern auch im Alltag. Wie wichtig gute Nachbarschaft ist, haben viele in der Pandemie erlebt. Und dort, wo Menschen immer schon Unterstützung brauchen – beim Einkauf, beim Behördengang, bei der Pflege –, da sind Nachbarschaftshilfen ein Segen!

Dass dennoch immer mehr Menschen über Einsamkeit klagen, hat längst auch die Politik alarmiert. So hat etwa das Bundesministerium für Familie, Senioren, Frauen und Jugend eine „Strategie gegen Einsamkeit" entwickelt und zahlreiche Aktionen initiiert. Dazu gehört z. B. auch das Projekt „Digitaler Engel". Es unterstützt ältere Menschen, um sich im Netz sicher bewegen zu können.

Der Engel in Caro Scharrers Bild sitzt einfach nur da – mit Kopfhörern. Ein wenig in sich gekehrt. Gönnt er sich eine Mußestunde? Oder teilt er, während er seine Lieblingsmusik hört, eine Nachricht in einer WhatsApp-Gruppe? Oder checkt die Nachrichten in der Timeline? In jedem Fall ist er Teil des Netzwerks, inspiriert und stärkt es mit himmlischen Impulsen, denke ich mir.

Vernetzt sein hat viele Dimensionen: aufgefangen und aufgehoben sein, gehalten und getragen werden, dabei sein, integriert sein, Teil von etwas Größerem sein, Gemeinschaft erleben.

Alles hängt mit allem zusammen, hält zusammen, ist vernetzt und wächst. Die Natur macht es uns vor. Und wir sind mit dieser Schöpfung verwoben. Dass sich der Mensch von der Natur etwas abschauen kann für sein eigenes Leben, davon ist die Journalistin Lucia Brauburger überzeugt. „Das Arboreus-Prinzip" nennt sie ihr Buch – von Arbor (lat.): der Baum. Von der Natur lernen und Strategien für sich entwickeln, um Veränderungsprozesse im eigenen Leben besser zu bewältigen, das ist ihr Ansatz.

Auf mich strahlt das Bild eine große Ruhe aus. Alles entwickelt sich. Wachsen und vernetzen hat mit Geduld zu tun. „Was ihr jetzt braucht, ist Geduld" (Hebräer 10,36), heißt es im Neuen Testament. Ja, Geduld brauchen wir. Brauche ich selbst immer wieder. Und die fehlt mir. Ich bin oft ungeduldig. Denn Warten kann ziemlich lästig sein. Ich bin auf reibungsloses Funktionieren gepolt. Auf Schnelligkeit. Unser ganzes Wirtschaftssystem hat dem Warten den

Kampf angesagt. Es ist darauf ausgelegt, dass Wünsche sofort oder zeitnah erfüllt werden können. Nach dem Motto: Warum warten, wenn's auch schnell gehen kann.

Wenn immer alles schnell gehen muss, dann wird ganz selbstverständlich auch die kleinste Wartezeit zur Geduldsprobe. Und der sprichwörtliche Geduldsfaden kann in Bruchteilen von Sekunden reißen.

In wie viel größerem Maße brauchen die Menschen Geduld, die durch Krieg und Naturkatastrophen Hab und Gut verlieren. Oder ein Freund, der schon zeitlebens unter Rheuma leidet, antwortet auf meine Frage, was Geduld für ihn bedeute, lapidar: „Geduld ist mein zweiter Vorname." Und verweist darauf, dass „Patient" übersetzt nichts anderes heißt als Geduld. Patience.

„Just have a little patience ..." – „Hab einfach ein bisschen Geduld ...": ein Lied der Popgruppe Take That, das zur Hymne all jener werden kann, die schmerzliche Zustände auszuhalten versuchen. Seien sie körperlich erkrankt oder – wie im Songtext – dass sie um Zeit bitten, eine verlorene Liebe zu überwinden.

Schon klar: Es gibt Dinge, an denen auch die Ungeduldigste nichts ändern kann. „Das Gras wächst nicht schneller, wenn man an den Halmen zieht", lautet eine Kalenderspruchweisheit. Zugleich stellt sich die Frage, wie viel Geduld können wir uns wirklich leisten? Wenn ich an die Herausforderungen denke, die doch niemand ignorieren kann: Können wir zum Beispiel beim Klimawandel warten? Nein! Geduld ist auch da nicht angesagt, wo eine

Minderheit bei uns Hass, Hetze und Beleidigung, rassistische Vorurteile und Antisemitismus für normal hält. Muss diesen Menschen nicht viel entschiedener widersprochen werden? Natürlich – und zwar bei jeder Gelegenheit. Damit das schleichende Gift der Respektlosigkeit das Miteinander und den Zusammenhalt in unserer Gesellschaft nicht noch mehr beeinträchtigt. Ende der Geduld!

Was genau bedeutet der Aufruf zur Geduld in dem Bibelvers aus dem Hebräerbrief? Im griechischen Wort ist davon die Rede, auszuhalten, Leiden zu ertragen, zu warten. Soll ich die Hände einfach in den Schoß legen?

Der Appell an die Geduld ist bei genauem Hinsehen kein Aufruf zur Passivität. Geduldig sein und handeln schließen einander keineswegs aus. Im Gegenteil! Miteinander vernetzt, lassen sich Geduld und Engagement sogar als Basis und Voraussetzung einer widerständigen Hoffnung begreifen. Einer Hoffnung, die mich an das glauben lässt, was unmöglich erscheint.

Diese Haltung, das schier Unmögliche für möglich zu halten, strahlt die BBC-Moderatorin Deborah James bis zu ihrem Tod aus. Bei Recherchen zur Vorbereitung einer Tagung bin ich auf die Journalistin gestoßen. Nach einem 2016 erkannten Krebsleiden stirbt sie 2022 im Alter von nur vierzig Jahren. Die Diagnose lässt sie umgehend zur Aktivistin werden in Sachen Krebsfrüherkennung und -vorsorge. In einem regelmäßigen Podcast und in den sozialen Medien spricht sie offen über ihr Leben mit der Krankheit. Mehr noch: Sie gründet eine Stiftung, die die Entwicklung von Krebsmedikamenten fördert. Es gelingt ihr sogar, mehrere Millionen Pfund an Spenden zu sammeln. Sich geduldig dem Schicksal zu ergeben, ist nicht ihre Haltung gewesen, sagen ihre Freunde. Am Ende verliert sie den Kampf gegen den Krebs. Der letzte Rat von Deborah James an ihre Follower: „Findet ein Leben, das es wert ist, genossen zu werden; geht Risiken ein; liebt zutiefst; habt keine Reue; und habt immer, immer rebellische Hoffnung."

Rebellische Hoffnung. Das berührt mich. Das geht in die Tiefe. Nur da kann so eine Kraft herkommen. Der Engel, der vernetzt und wachsen lässt, macht Geduld und Zuversicht erst möglich. Ja, das Unmögliche für möglich zu halten.

Und doch kann ich mich mit dem Wort Geduld nicht wirklich anfreunden. Es klingt mir zu sehr nach Aufschub und ertragen. Langmut ist mir als Alternative deutlich lieber. Denn in diesem altertümlichen Begriff steckt das, worauf es eigentlich ankommt und was ich selbst tun kann, ja muss: die Ausdauer *und* der Mut zu handeln.

Der Engel, der ins Licht führt

„Wege entstehen im Gehen.
Tastende Schritte ins Licht."

UDO HAHN

Da kniet ein Engel auf einem goldenen Weg. Fast beschwörend streckt er seine Hände aus. Sieh her, hier geht's lang! Seine Aufmerksamkeit gilt einer Person, die nackt am Boden kauert, den Blick auf den Boden gerichtet. Um sie herum überfüllte Mülltonnen, Abfall säumt den Boden. Links und rechts hohe Häuserfronten. Eine unwirtliche Gegend. Wie soll da jemand leben? Eine riesige Schnecke bricht auf. Ob sie es schafft hinauszugelangen? Eine auf den ersten Blick beklemmende Szenerie, die die Künstlerin Caro Scharrer geschaffen hat.

Ein Bild voller Leiden – und zugleich voller Hoffnung und Aufbruch. Es erinnert an ein Gedicht von Hilde Domin. Es trägt den Titel „Bitte", geschrieben 1955, als sie gerade aus ihrem Exil nach Deutschland zurückgekehrt war.

Wir werden eingetaucht
und mit den Wassern der Sintflut gewaschen,
wir werden durchnässt
bis auf die Herzhaut.

Das ist nicht einfach Wasser, das erfrischt und kühlt. Sämtliche Schleusen sind geöffnet, die alles mitreißen. Es gibt kein Halten mehr. Ein Gefühl, das viele Menschen kennen. Eine nicht bestandene Prüfung, eine Diagnose, die alle Lebenspläne in Frage stellt, der plötzliche Tod eines geliebten Menschen. Es dringt ins Innerste ein – bis auf die Herzhaut. Wird sie halten? Hoffentlich! Und geht es nicht auch ohne Leiden, Schmerzen, Verwundungen?

Hilde Domin ist Realistin:
der Wunsch, verschont zu bleiben,
taugt nicht.

Was darf ich mir denn dann überhaupt wünschen? „Es taugt die Bitte", schreibt die Dichterin und nimmt Bezug auf die biblische Sintfluterzählung: dass die Taube, wenn sie zur Arche zurückkehrt, den Zweig von einem Ölbaum bringt – als Hoffnungszeichen.

Hilde Domin hat noch weitere Bilder, die an biblische Erzählungen erinnern: dass wir der Flut, der Löwengrube und dem feurigen Ofen doch entkommen. Und zwar:
immer versehrter und immer heiler

Ist das nicht ein Widerspruch: trotz noch so großer Wunden doch alle Kämpfe geradezu makellos überleben?

Es ist die Vision der Dichterin, die meine Vorstellungskraft herausfordert, manchmal überfordert, aber Bilder entwickelt, die voller Hoffnung stecken: nicht aufzugeben. Wie das gelingen kann? „Nicht müde werden, sondern dem Wunder, leise wie einem Vogel, die Hand hinhalten", schreibt sie an anderer Stelle. Oder: „Ich setzte den Fuß in die Luft und sie trug." Oder: „Meine Hand greift nach einem Halt und findet nur eine Rose als Stütze."

Was taugt, was trägt? Es ist die Bitte und die Hoffnung. Psalm 23 – Der Herr ist mein Hirte – ist der bekannteste Hoffnungstext der Bibel. Andere Bilder, eine andere Zeit.

Gott ist für mich da.
Ich habe alles, was ich zum Leben brauche.
Für mich ist Platz, für Essen und Trinken ist gesorgt.
Meine Sorgen sind bei ihm gut aufgehoben.
Meinen Füßen gibt er immer sicheren Halt.
Es gibt immer einen Ausweg.
Ich bleibe nicht ohne Trost.
Ich bekomme neuen Mut.
Ich kann mit Gott immer rechnen.
Er hält sein Wort.
Er ist für mich da.

(ÜBERTRAGUNG: UDO HAHN)

Wir brauchen solche Bilder des Lebens, damit die Bilder des Todes nicht zu mächtig und erst gar nicht übermächtig werden.

Die Hoffnung hat in diesem Psalm (wie auch in allen anderen) ein konkretes Gegenüber: Gott. Im Hause Gottes werde ich bleiben immerdar. Diese Worte drücken Hoffnung aus. Und Dankbarkeit. Es wird nichts als selbstverständlich genommen. Als stünde uns ein Leben an vollen Tischen zu, das uns vor Dunkel und Dürre verschonte. Solche Wünsche taugen nichts. Jeder weiß das und lernt es in der Schule des Lebens.

Hilde Domins Gedicht ist keine Gebrauchsanweisung für das Leiden und schon gar nicht eine Einladung zum Leiden. Es ist als „Bitte" formuliert. Auch die Bibel verspricht kein Leben ohne Leid. Was sie zusagt: dass Gott treu an unserer Seite bleiben wird, was immer auch kommen mag.

Es gibt Bitten, die nicht taugen – und solche, die taugen. *Das Leben* – hier die Flut, die Löwengrube und der feurige Ofen –, es hinterlässt Spuren: „immer versehrter" – schreibt Hilde Domin. Und doch gleichzeitig: „immer heiler". Für sie gehört beides zusammen: die Bitte, dass die Wunden nicht zerstören, sondern ausheilen mögen. Und wir dann „zu uns selbst" kommen.

Ein zweiter Blick auf Caro Scharrers Bild: Die Bitte, verschont zu werden, taugt nicht. Manche Kämpfe lassen einen zu Boden sinken. Letzter Rückzugsort ist das Schneckenhaus. Und dann lockt doch der Aufbruch. Aus dem Brunnen sprudeln Herzen. Sie weisen auf den (Aus-)Weg ins Licht.

Wir wissen manchmal nicht, wo und wie ein Ausweg zu finden ist. Da ist es gut, den Engel zu entdecken, der sich kümmert – oder einen Menschen –, der einen spüren lässt, ich bin da, der zuhört und unterstützt.

Weg ins Licht

Aufbrechen
Nur ein Schritt
Und Neuland betreten

Die Zukunft lockt nicht
Aber das Leben
Begegnungen warten

Wege im Dunkeln
Gratwanderungen
Im Würgegriff der Angst

Lass dich leiten
Von der Zuversicht
Vom Vertrauen

Wege entstehen
Im Gehen
Tastende Schritte
Ins Licht

(UDO HAHN)

Der Engel, der das Unrecht sieht

Das Weltrechtsprinzip –
Gerechtigkeit für die Opfer

Er ist der König der Tiere. Und seit jeher das Sinnbild für Stärke und imposantes Auftreten, für Macht und Herrschaftsanspruch: der Löwe. In der Evangelischen Akademie Tutzing finden sich mehr als dreißig Löwen-Darstellungen – Skulpturen aus Stein und Holz, auf Gemälden und in Kirchenfenstern. Auf der Seeterrasse ist einer zu sehen – mit einer Pranke stützt er sich lässig auf eine Kugel. So, als wollte er mit ihr spielen, sie hin und her rollen. Oder festhalten. Mit aller Macht – und Gewalt.

Der Löwe in Caro Scharrers Bild erscheint nicht nur mächtig. Er übt seine Herrschaft erkennbar mit Gewalt aus. Seine Krallen bohren sich tief in die Erdkugel ein. Es fließt Blut. Unaufhörlich. Nicht nur ein paar Tropfen, es sind Ströme. Rücksichtslos setzt der Herrscher seine Ansprüche durch. Koste es, was wolle. Und produziert Opfer. Hunderte, Tausende, Millionen. Das Leid des Einzelnen hat Diktatoren noch nie interessiert.

Werden die Täter ungeschoren davonkommen? Ihr Morden, ihr Foltern, die sexualisierte Gewalt, mit der sie ihre Opfer erniedrigen und – wenn sie die Höllenqualen überstehen – ein Leben lang traumatisieren, schreien zum Himmel. In Caro Scharrers Bild schickt Gott einen Engel. Der sieht das Unrecht.

Werden die Taten gesühnt? Manchmal kommt mir diese Erwartung wie der sprichwörtlich fromme Wunsch vor: unerfüllbar und unwahrscheinlich. Doch es gibt Hoffnung. Zum Beispiel im Blick auf die schweren Menschenrechtsverletzungen in Syrien. Mehrere Staaten – Schweden, Deutschland und Frankreich – haben Ermittlungen gegen Personen aufgenommen, denen vorgeworfen wird, in Syrien schwerste Verbrechen begangen zu haben, etwa darunter Folter, Kriegsverbrechen und Verbrechen gegen die Menschlichkeit. Unter dem völkerrechtlichen Weltrechtsprinzip können nationale Gerichte solche Verbrechen verfolgen. Und zwar unabhängig davon, wo sie verübt wurden oder woher Opfer oder Täter stammen.

Solche Verfahren sind möglich, weil immer mehr aus Syrien geflüchtete Menschen in Europa Schutz gefunden haben. Und die Behörden auf mutmaßliche Verdächtige aufmerksam machen. Vor dem Oberlandesgericht Koblenz kommt es zum Prozess. Nach 108 Verhandlungstagen steht am 13. Januar 2022 der Schuldspruch: lebenslänglich. Verhängt wurde das Urteil gegen einen vielfachen Menschenschänder des syrischen Assad-Regimes. Es ist das weltweit erste Strafverfahren gegen Mitglieder des Assad-Regimes wegen Verbrechen gegen die Menschlichkeit. Ermöglicht wurde das Verfahren durch eben dieses Weltrechtsprinzip, das in Deutschland schon seit inzwischen mehr als zwanzig Jahren in Kraft ist und Verbrechen gegen universale Werte ahnden will.

Bei der Urteilsverkündung sind auch einige Opfer im Saal. Es tut ihnen gut, den Täter in Handschellen zu sehen. Ihm allein werden 4000 Fälle zur Last gelegt, wenigstens 58 Menschen hätten seine Folter nicht überlebt.

Dem Leiden der Opfer ein Forum geben. Für die Hinterbliebenen ist das oft der einzige Trost. Genau das habe ich erlebt, als ich 1992 im Auftrag des Ökumenischen Rates der Kirchen Sri Lanka besuchte. Mein Auftrag: zusammen mit einem weiteren Journalisten uns ein Bild zu machen von dem dort nicht enden wollenden Bürgerkrieg.

Was die Frauen, die Kinder und Jugendlichen, mit denen wir sprachen, berichteten, ließ mir den Atem stocken. Rücksichtslose, barbarische Gewalt, Gräueltaten. Und die Augenzeugen –Witwen und Waisen – gezeichnet ihr Leben lang.

Jede der Begegnungen endete in eine Phase der Stille. Einmal sagte eine Frau: „Sie sind ein Engel – danke, dass Sie mir zugehört haben." Das war's, was sie tröstete.

Der Engel, der Himmel und Erde verbindet

„Und ihn träumte, und siehe, eine Leiter stand auf Erden, die rührte mit der Spitze an den Himmel, und siehe, die Engel Gottes stiegen daran auf und nieder."

1. MOSE 28,12

Jakob träumt die Himmelsleiter. Diese außergewöhnliche biblische Erzählung fasziniert seit jeher. In der Kunst hat sie die Vorstellungskraft viele Maler inspiriert, die eindrucksvolle Bilder schufen. Das Motiv der Leiter hat auf die Frage, wo Gott ist – im Himmel oder auf der Erde – eine überraschende Antwort: überall. Beide Sphären sind miteinander verbunden.

Caro Scharrer hat ihr ganz eigenes Bild. Sie erweitert zunächst einmal die Distanz zwischen Himmel und Erde, zwischen Gott und Mensch, mit einem Blick ins Weltall mit seinen schier unendlichen Weiten. Was ist da die Erde in diesem riesigen Universum? Und was ist der einzelne Mensch unter aktuell mehr als acht Milliarden? Reicht da eine Leiter, um eine Verknüpfung herzustellen? Wohl kaum. Und sei die Entfernung aber noch so groß, es gibt eine Verbindung. Die Künstlerin wählt den Aufzug. Wie lange mag der wohl unterwegs sein müssen für eine Fahrt? „Beam me up" – „Beam mich hoch", möchte man wie in der Science-Fiction-Serie Raumschiff Enterprise rufen. Oder doch ganz schlicht: Mach's wie Jakob, träum die Himmelsleiter!

Wenn es nur so einfach wäre. Jeder Mensch träumt, heißt es, auch wenn sich viele am nächsten Morgen nicht daran erinnern (können). Träume sind Bilder aus dem Unbewussten und haben mit unserem Alltag zu tun. Sie bringen ins Bild, was wir selbst nicht so gut verstehen können oder nicht wahrhaben wollen. Träume verarbeiten, was wir verdrängen und abschieben. Sie greifen Erlebtes auf, kombinieren Unmögliches und stellen ganz verrückte Bilder zusammen. Sie gelten als Sprachrohr der Seele. Dabei bleibt vieles rätselhaft und interpretationsoffen. Das gilt besonders für Angstträume.

In der Bibel spielen Träume wie bei Jakob auch an anderen Stellen eine Rolle. Zum Beispiel im Leben des Jungen Josef, dessen Lebensgeschichte im 1. Buch Mose ab Kapitel 37 beschrieben wird. Darin deutet er die Träume des Pharaos und bestimmt dessen Politik mit. Und die Geschichte des Christentums in Europa beginnt übrigens mit einem Traum des Apostels Paulus: „Komm herüber nach Mazedonien und hilf uns." (Apostelgeschichte 19,3–10)

Träume können zu einem Schlüsselerlebnis werden. Oder zum Durchbruchtraum, wie Richard Corriere und Joseph Hart Träume von besonderer Intensität nennen, in denen der Träumende Klarheit findet, die ihn positiv motiviert.

Einen Durchbruchtraum hat auch der Maler Marc Chagall erlebt, von dem die vielleicht bekannteste Darstellung dieser biblischen Szenerie stammt. In seinem Tagebuch notiert er, was er 1905 in St. Petersburg in schwieriger Lage im Traum erlebte: „Plötzlich öffnet sich die Zimmerdecke. Und eine Gestalt schwebt hernieder, mit Glanz und Gepränge, und erfüllt das Zimmer mit wogendem Dunst. Ein Engel, denke ich. Ich kann die Augen nicht öffnen, es ist zu hell. Nachdem er alles durchstreift hat, entschwindet er wieder, nimmt alles Licht und Himmelblau mit sich fort." Dieser Traum ist der Grund, warum Chagalls Bilder Engel zeigen.

Zurück zu Jakob. Betrüger und auf der Flucht. Mit einer List hatte er sich den Erstgeburtssegen erschlichen, ist aber aufgeflogen. Aus Angst vor der Rache seines betrogenen Bruders Esau bricht er alle Brücken hinter sich ab. Es ist ein Aufbruch ins Ungewisse, in die Wüste, immer dem Tod durch Verdursten nahe. Seine Erschöpfung und auch seine Angst, entdeckt zu werden, sind spürbar. Doch wie kann er in dieser Situation Ruhe finden? Noch dazu, wenn er seinen Kopf nicht auf ein kuscheliges Ruhekissen betten kann, sondern auf einen Stein legen muss, wie es in der Erzählung heißt. Da sind Angstträume programmiert!

Doch Jakob träumt einen wahrhaft himmlischen Traum. Er sieht eine Leiter, die von der Erde in den Himmel reicht. Oben steht Gott, und auf der Leiter sind die Engel unaufhörlich unterwegs – hinunter und hinauf und wieder zurück. So, als würden sie alles, was Jakob schwer auf der Seele lastet, in den Himmel auslagern und ihn mit Gottes Segen stärken: Du brauchst keine Angst haben. Ich bin bei dir. Du wirst wieder in deine Heimat zurückkehren. Alles wird gut! Der buchstäblich am Boden liegt, bekommt neuen Mut und eine Perspektive für den vor ihm liegenden Weg.

So verbinden die Engel Himmel und Erde. Gott ist dort, wo ich gerade bin. Und sei die Situation noch so angespannt, wie bei Jakob, mit Schuldgefühlen, Verstrickungen, in fast aussichtsloser Lage. Mitten in der Ungeborgenheit öffnet sich das Tor zum Himmel. Engel steigen auf der Himmelsleiter auf und ab. Sie nehmen alles Negative nach oben und verwandeln und bringen das nun Positive nach unten. Segen nennt das die Bibel. Segen meint alles, was sich der Mensch nicht kaufen kann, was er nur geschenkt bekommen kann: von Gott. Und der ist ungewöhnlich großzügig. Gott sagt ihm, dem Betrüger, seinen Segen zu. Man mag es kaum glauben. Nein, Gott segnet nicht den Betrug, nicht die Tat, sondern den Menschen. Und in diesem Segen liegt dann auch die Kraft, die Jakob findet, sich mit dem betrogenen Bruder zu versöhnen. Bevor Jakob aufbricht, errichtet er ein Denkmal. Diesen Ort der Gottesbegegnung nennt Jakob Bethel: Haus Gottes.

Es gibt solche Träume. Sie kommen wie aus heiterem Himmel. Unerwartet. Wo man eher mit dem Gegenteil rechnet. Träume, die Verzweifelte und Niedergeschlagene wieder neu aufatmen lassen, ihnen Kraft geben, den Neuanfang zu wagen. Solche Träume sind von Gott geschickt, so erzählt es die Bibel.

Vielleicht hat auch Robert Gilbert und Werner Richard Heymann so ein Traum inspiriert, als sie ihr Sehnsuchtslied „Irgendwo auf der Welt" schrieben. „Irgendwo auf der Welt fängt mein Weg zum Himmel an", heißt es in dem 1932 entstandenen Song. Die Stimmen der Comedian Harmonists, ihr einprägsamer A-cappella-Sound, haben ihn berühmt gemacht.

In dem Lied spiegelt sich vielleicht auch die letztlich unerfüllt gebliebene Sehnsucht dieser Boygroup wider. Seit 1928 singen sie zusammen. Drei der sechs Mitglieder sind Juden. Mit dem Beginn der Diktatur des Nationalsozialismus 1933 ändern sich auch die Rahmenbedingungen ihrer Arbeit. Veranstalter sagen ihre Konzerte ab. Und wo sie noch stattfinden, protestiert der nationalsozialistische Mob. 1935 löst sich das Ensemble auf. Die jüdischen Sänger emigrieren.

„Irgendwo auf der Welt gibt's ein kleines bisschen Glück / Und ich träum davon in jedem Augenblick / Irgendwo auf der Welt gibt's ein bisschen Seligkeit." Dieser bescheidene Traum vom kleinen Glück – er platzt. Und doch geht von ihm eine eigentümliche Kraft aus. So empfinde ich es, wenn ich an eine Szene aus dem 1997 entstandenen Film „Comedian Harmonists" denke. Er zeigt die sechs Männer auf der Bühne, hinter ihnen eine Hakenkreuzflagge. Und dann spricht Harry Frommermann, Gründer des Ensembles, dargestellt von Ulrich Noethen, in die Stille des Konzertsaals hinein diese Worte: „Irgendwo auf der Welt gibt's ein kleines bisschen Glück, und ich träum davon in jedem Augenblick." Nach dem letzten Lied herrscht beklemmende Stille, dann frenetischer Applaus. Ich spüre die trotzige Gewissheit: „Irgendwo auf der Welt fängt mein Weg zum Himmel an." Und nehme sie mit – aus dem Kino in meinen Alltag.

Der Engel, der Türen öffnet

Jesus spricht: „Ich bin die Tür. Wer durch mich hineingeht, wird gerettet. […] Ich bin gekommen, um ihnen [den Schafen resp. Menschen] das wahre Leben zu bringen – das Leben in seiner ganzen Fülle."

JOHANNES 10,9F. (BASIS-BIBEL)

In Bürogebäuden, Rathäusern und in Museen achte ich neuerdings darauf, ob sich an der Wand ein elektrischer Türöffner befindet. Einmal drücken – und die Tür geht auf. Diese Automatik hat ihren Sinn. Ich bin schon an derartigen Türen gescheitert, konnte sie einfach nicht öffnen, weil mir die Kraft fehlte. Das liegt nur zum Teil an der Größe der Tür, sondern hat vielmehr mit ihrer Funktion zu tun: Brandschutztüren, dick verglast oder aus Metall, sollen nicht leicht aufgehen. Aber wenn es keine Automatik gibt, dann ist das für ältere Menschen generell ein Problem. Aber auch Jüngere tun sich schwer damit.

Es müssen nicht immer Brandschutztüren sein, die schwer aufgehen. Das Bild der Tür ist in unserem Sprachgebrauch allgegenwärtig. Die „Tür" gehört zu den Ursymbolen, die eine tiefere Bedeutung haben. Einige Beispiele: „Mit der Tür ins Haus fallen." „Die Tür vor der Nase zuschlagen." „Zwischen Tür und Angel." „Den Fuß nicht in die Tür kriegen." „Jemanden vor die Tür setzen." „Vor verschlossener Tür stehen."

Das Bild der verschlossenen Tür ist doppeldeutig. Im einen Fall ist man froh, sie hinter sich einfach zuziehen zu können. Ich bin zu Hause. Jetzt ist Ruhe. Ich brauch Zeit für mich. Im anderen Fall wird die verschlossene Tür zum Problem. Sie haben Angst vor dem, was dahinterliegt. Vor dem Neuen und Unbekannten, vielleicht auch möglichen Gefahren. Andere wiederum sind in ihrer Lethargie gefangen. Alles ist festgefahren. Der innere Schweinehund ist übermächtig. Die Routinen mal hinter sich zu lassen, auf- und auszubrechen, kommt gar nicht in Frage.

In Caro Scharrers Bild ist das Wichtigste schon geschafft. Die Tür ist bereits einen Spalt offen. Wie gut, dass es Unterstützung gab. Sanft, geradezu liebevoll legt der Engel seine Hand auf jene, die den Türgriff drückt. Jetzt bin ich gespannt, was mich draußen erwartet. Ich bin bereit für Neues, will wissen, was hinter der Tür liegt. Das Licht, das durchs Schlüsselloch fällt, lässt meine Neugier wachsen. Löwenzahn blüht auf der Schwelle und lockt mich ins Freie.

Im Johannesevangelium (10,9f.) sagt Jesus von sich: „Ich bin die Tür." Wer sie durchschreitet, für den gibt es sogar eine Belohnung: „Ich bin gekommen, damit sie das Leben haben und volle Genüge." Im griechischen Urtext lese ich: Jesus spricht sogar von Überfluss, vom Leben im Überfluss.

Was für eine Verheißung! Warum also soll ich drinnenbleiben, unzufrieden, unglücklich? Draußen, das ist Freiheit, Weite, Licht, Begegnung.

In meiner Begeisterung halte ich kurz inne, denn viele Menschen erfahren eher den Mangel als die Fülle: den Mangel an Frieden, Freiheit, Sicherheit, Zukunft. Die Tatsache, dass zahlreiche Menschen, insbesondere Kinder, in dieser Welt in Armut leben, schreit zum Himmel. Not zerstört das hier allen versprochene gute Leben.

Es gibt auch einen Mangel in Form eines als sinnlos erfahrenen Lebens. Etwa wenn Menschen ihre Beziehungen als oberflächlich empfinden. Und es gibt eine innere Leere bei manchen, die sich finanziell alles leisten können.

Die Frage, was „erfülltes Leben" für mich persönlich bedeutet, lässt mich nicht los. Und ich merke, es gibt nicht die eine, einzige Antwort. Es hängt von der Situation ab. Manchmal fühle ich mich, wie es der Lyriker Peter T. Schulz beschreibt: „Ich schaue aus dem Fenster, draußen ist noch da. Ich summe eine Melodie und fühl' mich wunderbar." An nichts denken – schon gar nicht Vergangenes nacharbeiten und Künftiges planen. Stehen bleiben und den Augenblick spüren. Alles andere, was mir gerade durch den Kopf geht, ist dann nicht mehr wichtig.

Erfülltes Leben – das ist für mich manchmal ein Zustand, ein Moment: der Flow, die intensive Arbeit am Stück, und nichts kann mich ablenken. Wenn ich dann irgendwann fertig bin – mit Schreiben oder mit Aufräumen – und plötzlich ein gutes Gefühl mich regelrecht durchströmt. Da bin ich in meinem Innersten ergriffen.

Viel öfter ist es aber eine Situation, ein Erlebnis. Zum Beispiel, wenn ich wieder mal einige Weinbergschnecken sehe, die morgens, wenn es noch feucht ist, oder am Abend über den Kies vor der Garage unterwegs sind. Die Farbe ihrer Häuser verschwimmt oft mit dem Boden. Ich kann sie meist nur erkennen, wenn ich stehen bleibe. Wenn ich die Tiere so ansehe, das sind eindrucksvolle Geschöpfe der Natur. Ich sammle sie ein und setze sie in der Hecke ab, damit ihnen nichts passiert.

Erfülltes Leben – das kann eine WhatsApp von meinen Patenkindern sein, die mir sagt: Hey, wir denken an dich. Du bist uns wichtig. Oder auch mal einfach ein Stück

Schwarzwälder Kirschtorte, die natürlich niemand besser macht als meine Mutter. Das ist für mich Leben schmecken. Einfach mal dasitzen. Eine Tasse Kaffee, ein Stück Torte, das Leben gut sein lassen. Spüren, dass da eine Qualität ist, die aus der Tiefe kommt und in die Tiefe führt. Leben satt. Mehr braucht es nicht.

Erfülltes Leben – das gibt es nicht für mich allein, sondern nur in der Beziehung zu anderen. Erfülltes Leben, das sind diese Momente, in denen diese Qualität des Lebens aufblitzt. Große Momente. Aber eben auch ganz alltägliche. Momente, in denen ich spüre: Mein Leben hat Sinn. Weil es vom Leben dessen durchdrungen ist, den wir Gott nennen. Momente, in denen ich gewiss bin: dass ich gehalten und getragen bin. Dass eine Tür aufgeht. Oder – wie in dem Bild – mir ein Engel hilft, die Tür zu öffnen. Dass mein Leben nicht bedeutungslos ist. Dass ich hineingenommen bin in etwas Größeres, in das ganz Große. Das erfüllte Leben, das Jesus verspricht und bringt, ist das Leben, in dem etwas von Gott aufscheint, hier und jetzt und mittendrin in allem Stress, in allen Fragen, in meiner Ratlosigkeit, in meinem Nachdenken.

Wenn Menschen sich gegenseitig helfen und füreinander da sind, entsteht zwar nicht automatisch ein Leben in Fülle. Aber es reicht dann für mehr. Und wenn es genug ist, dann ist es nicht mehr weit zur „vollen Genüge", wie Martin Luther im Johannesevangelium übersetzt. Die Fülle wächst aus den Beziehungen. Geteilte Freude verdoppelt sich. Diese Fülle – richtig genutzt – wächst sogar. So öffnet sich die Tür für eine Zukunft für alle: für die einen, die schon über die Schwelle gehen; für die, die erst einmal anklopfen; und auch für die, die hoffnungsvoll vor der Tür warten – auf einen Engel.

Eine geöffnete Tür ist manchmal wie ein Wunder. Die Mutter von Andreas Nachama, Rabbiner in Berlin und engagiert im Dialog zwischen Juden und Christen, hat genau das erlebt. Nachama erzählt in der Weihnachtsausgabe der Wochenzeitung „Die Zeit" 2022: „Meine Mutter hat als junge Jüdin in Berlin die Schoa überlebt. Von ihr habe ich den Glauben an Wunder geerbt und an das Gute. Sie tauchte damals unter, und an ihrer Rettung sieht man, wie bescheiden das Gute daherkommen kann. Die Leute, die meiner Mutter Unterschlupf gewährten, oft nur für Tage, nahmen sich ja nicht vor, gut zu sein. Sie öffneten ihre Tür und machten Platz für ein Wunder."

Der Engel, der Achterbahn fährt

„Er hat seinen Engeln befohlen, dass sie dich behüten auf allen deinen Wegen, dass sie dich auf Händen tragen und du deinen Fuß nicht an einen Stein stoßest."

PSALM 91,11F.

Sie versprechen den ultimativen Adrenalin-Kick. Gänsehaut mit Nervenkitzel, das ganz besondere Feeling eben. Wenn man es mag: Fahrgeschäfte mit so klangvollen Namen wie Fünferlooping, Toboggan, Teufelsrad, SkyFall, Big Loop, Toxic Garden, Scream oder Predator. Mir wird schon beim Hören der Namen flau im Magen. Autoscooter und Geisterbahn – da bin ich dabei. Aber um die Hightech-Achterbahnen mache ich immer einen großen Bogen. Schon beim Zuschauen stockt mir der Atem.

Für manche ist die Achterbahn mit ihren Überschlägen zum Sinnbild ihres eigenen Lebens geworden. Wie auf dem Fahrgeschäft geht es in manchen Phasen steil nach oben – und in gefühlter Lichtgeschwindigkeit nach unten, rasant durch Kurven oder über Kopf. Mal gibt's den schnellen Katapultstart, mal den sanften Lifthill. Und manch einer fühlt sich mitunter komplett aus der Bahn geworfen.

Auch auf Caro Scharrers Achterbahn würde ich mich nicht trauen. Hinzu kommt: Die Stützen ihres atemberaubenden Konstrukts wirken nicht gerade stabil. Es sind Dominosteine. Und fällt einer, tritt der sprichwörtliche Dominoeffekt ein. Dann gibt es kein Halten mehr. Alles fällt – alles fällt in sich zusammen. So fragil das Konstrukt auch ist, wird doch auf der Achterbahn der Künstlerin den Fahrgästen nichts passieren. Schließlich fährt in jedem Wagen ein Schutzengel mit.

So einen Schutz wünscht sich jeder im Leben. In Psalm 91 erteilt Gott seinen Engeln genau diesen Auftrag. Mehr noch: Er ordnet an, gibt den Befehl, „dass sie dich behüten auf all deinen Wegen". Dabei kennt der Beter des Psalms die vielen Gefährdungen des Lebens, die vielen Stolpersteine, die buchstäblich im Weg liegen. Und er kennt auch die Knüppel, die einem zwischen die Beine geworfen werden können.

In solchen Situationen wünscht er sich nichts sehnlicher als einen Engel, der einen aus der Gefahr trägt. Deshalb sucht er voller Vertrauen die Nähe Gottes. Er ist seine Zuflucht und Burg. Auf Gott ruht all seine Hoffnung. Geborgen sein, angenommen und behütet. Das wünscht sich jeder Mensch für sich selbst und für alle, die ihm nahestehen. Es ist die tiefe Sehnsucht, dass sich alles gut entwickeln, immer fügen und im Konflikt am besten ohne Verletzungen lösen möge.

Der nüchterne Blick auf die viel zitierten Realitäten macht schnell klar, dass die Zusage Gottes keinen Garantieschein darstellt. Das Leben ist zerbrechlich, trotz größter Vor- und Fürsorge. Und: Ich entscheide selbst, in eigener Verantwortung, gehe meinen Weg. Kann ich Gott für alle verantwortlich machen? Er lässt mir diese Freiheit, bleibt aber in Ruf- und Reichweite. Ich kann mich an ihm festhalten.

Im Rückblick auf manch kritische oder gar aussichtslose Situation, die schließlich doch einen guten Ausgang nahm, lässt sich diese Gewissheit formulieren: nicht als allgemeine Wahrheit, aber als persönliche Erfahrung. Entscheidend ist, ob einer im dunklen Tal, in dem die Angst ihn anfällt, mit dem Wissen und der Gewissheit unterwegs ist, wie es der Beter des 23. Psalms sagt: Du bist bei mir.

Von einer solchen Erfahrung, von diesem Gefühl der Geborgenheit inmitten größter und unmittelbarer Bedrohung seines Lebens, erzählt auch der Theologe und Widerstandskämpfer Dietrich Bonhoeffer. 1943 wurde er von den Nazis inhaftiert und wenige Wochen vor dem Ende des Zweiten Weltkriegs im Konzentrationslager Flossenbürg ermordet. In der Zeit seiner Haft hat er viel gelesen und sich intensiv mit den Psalmen beschäftigt. In einem Brief an seinen Freund Eberhard Bethge erwähnt er ausdrücklich Psalm 91 und explizit die Verse, die von den Engeln handeln. Weihnachten 1944 schreibt er das Gedicht von den „guten Mächten". Er legt es dem letzten Brief an seine Verlobte Maria von Wedemeyer bei. Darin heißt es: „Du, die Eltern, Ihr alle, die Freunde und Schüler im Feld, Ihr seid mir immer ganz gegenwärtig. Eure Gebete und guten Gedanken, Bibelworte, längst vergangene Gespräche, Musikstücke, Bücher bekommen, Leben und Wirklichkeit wie nie zuvor." Vieles unsichtbar, so Bonhoeffer, und doch real. Und weiter: „Wenn es im alten Kinderlied von den Engeln heißt: ‚zweie die mich decken, zweie, die mich wecken', so ist diese Bewahrung am Abend und am Morgen durch gute unsichtbare Mächte etwas, was wir Erwachsenen heute nicht weniger brauchen als die Kinder."

Was Bonhoeffer hier beschreibt und als gute Mächte bezeichnet, sind Engel, durch die er Gottes Nähe in dieser schier aussichtslosen Lage erlebt. Sein Gedicht endet mit den Worten: „Gott ist bei uns am Abend und am Morgen und ganz gewiss an jedem neuen Tag." Das ist die Quintessenz seiner Glaubenserfahrung: Gott ist da. Was auch immer kommt: Du bist nicht allein.

Schutz vor Gefährdungen des Lebens und Gottes Macht zum Guten mitten im Leben, das hat auch der Dichter und Schriftsteller Werner Bergengruen erlebt. Er erzählt von einem seltsamen Traum mit einer männlichen Figur vor einer Reise in eine ferne Stadt. Im Nachhinein erst wurde ihm bewusst, dass das in jener Nacht geträumte Geschehnis ihm Wochen später in dieser Stadt sein Leben gerettet hatte. Er schilderte seinen Traum einem Priester. Der hörte genau zu und sagte schließlich: „Es gibt hier nur eine Erklärung. Ich weiß nicht, wie Sie darüber denken, aber es ist mir nicht zweifelhaft, dass Ihr Schutzengel sich für jenen Traum der Gestalt jenes Mannes im Traum bedient hat."

„Ich erinnere mich noch genau", so schließt Bergengruen seine Geschichte ab, „welch starken Eindruck mir die Unbefangenheit machte, mit welcher er diese Erklärung vorbrachte. Sein Gedanke war mir fremd, schließlich kam ich zu der Meinung, der Sachverhalt lasse sich in der Tat nicht besser ausdrücken als auf diese theologische und zugleich kindlich anmutende Weise; und ich ließ es nun dahingestellt, ob die behütende Macht, welche der Priester mit dem Namen Schutzengel bezeichnete, etwas in mir selber oder etwas außerhalb meines Wirkens sein mochte. Doch erinnerte ich mich zugleich nicht ohne Betroffenheit daran, dass ja seinerzeit mein Konfirmationsspruch, an den ich freilich seit Jahren nicht mehr gedacht hatte, der folgende gewesen war: ‚Er hat seinen Engeln befohlen, dass sie dich behüten auf allen deinen Wegen, dass sie dich auf Händen tragen und du deinen Fuß nicht an einen Stein stoßest.'"

Der 91. Psalm arbeitet mit ausdrucksstarken Bildern: unter dem Schirm des Höchsten sitzen, unter dem Schatten des Allmächtigen bleiben, Gott – meine Zuversicht, auf ihn hoffen, Rettung vor Krankheit, Rettung auch dort, wo viele umkommen. Und dann inmitten des Psalms der Auftrag an die Engel. Es lohnt sich, auch das Ende noch genauer unter die Lupe zu nehmen. „Er liebt mich", sagt Gott, „darum will ich ihn erretten." Wer Gott vertraut, dem werden buchstäblich die Augen für die Verheißung Gottes geöffnet: bewahrt zu werden nicht vor der Gefahr, sondern in ihr.

Der Engel, der zu Gast ist

„Vergesst die Gastfreundschaft nicht. Denn auf diese Weise haben manche, ohne es zu wissen, Engel als Gäste aufgenommen."

HEBRÄER 13,2

Das sieht nach einem perfekten Fest aus: Getränke, Musik, fröhliche Stimmung, großzügige Gastgeber, nette Gäste. Da sind anregende Begegnungen und Gespräche garantiert – und Momente, die in Erinnerung bleiben werden. Wer würde da nicht mitfeiern wollen?

„Übt Gastfreundschaft", heißt es lapidar im Brief des Apostel Paulus an die Gemeinde in Rom (12,13). Und im vorletzten Buch der Bibel, im Hebräerbrief (13,2): „Vergesst die Gastfreundschaft nicht. Denn auf diese Weise haben manche, ohne es zu wissen, Engel als Gäste aufgenommen." In Caro Scharrers Zeichnung feiern diese ganz selbstverständlich mit, genießen die Party.

Das Paradebeispiel für Gastfreundschaft – der Begriff kommt explizit nur an den beiden genannten Stellen im Neuen Testament vor – findet sich am Anfang der Bibel, im ersten Buch Mose (18,1–6). Auf eben diese Erzählung spielt Hebräer 13,2 an. Als Abraham in der Mittagshitze ausruht, sieht er drei Männer kommen. Er weiß nicht, wer sie sind, auch nicht, woher sie kommen. Er läuft ihnen entgegen und bittet sie, seine Gäste zu sein. Im Laufe der Geschichte wird klar: Gott selbst besucht Abraham und seine Frau Sara.

Abraham lässt Wasser bringen, damit seine Gäste ihre Füße waschen. Seine Frau Sara backt Kuchen und Brot. Was nach einer kleinen Erfrischung aussieht, endet in einem großen Festmahl. Abraham lässt sogar ein Kalb schlachten – das Wertvollste, was man an Fleisch zu jener Zeit zubereiten konnte. Seine Haltung: Die Gäste sollen sich bei ihm wohlfühlen. Obwohl diese spontan gekommen sind, ändert er sogar seine Tagespläne und nimmt sich viel Zeit für sie. Was für eine Gastfreundlichkeit!

Im Alten Testament spielt die Gastbereitschaft eine herausragende Rolle. In der Thora, den fünf Büchern Mose, wird das Gebot der Gastfreundschaft besonders gegenüber Fremden damit begründet, dass das Volk Israel die Folgen des Fremdseins aus eigener Erfahrung kennt. Sie waren selbst „Fremde in Ägypten". „Wenn ein Fremdling bei euch wohnt in eurem Lande, den sollt ihr nicht bedrücken. Er soll bei euch wohnen wie ein Einheimischer unter euch, und du sollst ihn lieben wie dich selbst; denn ihr seid auch Fremdlinge gewesen in Ägyptenland. Ich bin der Herr, euer Gott." (3. Mose 19,34f.)

Auch im Neuen Testament ist Gastfreundschaft ein zentrales Thema. Sie führt zum Kern der biblischen Botschaft: die Liebe – zu Gott, zum Mitmenschen, zu mir selbst. Es geht um eine Haltung, die den Nächsten wahrnimmt und darauf ausgerichtet ist, alles zu tun, dass es ihm gutgeht. In seiner Endzeitrede zählt Jesus die Gastfreundschaft zu den sieben Werken der Barmherzigkeit (Matthäus 25,34–46): „Denn ich bin hungrig gewesen, und ihr habt mir zu essen gegeben. Ich bin durstig gewesen, und ihr habt mir zu trinken gegeben. Ich bin ein Fremder gewesen, und ihr habt mich aufgenommen."

Nach einer Legende des russischen Schriftstellers Leo Tolstoi träumt der Schuster Martin eines Nachts, dass Gott ihn besuchen kommt. Als der Tag anbricht, beobachtet er aufmerksam das Geschehen auf der Straße, denn er möchte Gott ja nicht verpassen. Es kommt zu mehreren Begegnungen mit Menschen in Not. Am Abend stellt der Schuster mit Bedauern fest, dass Gott nicht gekommen ist. Doch Gott war da! Die Notleidenden, die Martin versorgte, tauchen in seiner Erinnerung auf. Tolstoi beantwortet damit die Frage nach Gottes Gegenwart in Anlehnung an die Rede Jesu: Gott zeigt sich in der Liebe gegenüber dem Mitmenschen, der gerade Hilfe braucht.

Die Hilfe des Menschen korrespondiert mit der Großzügigkeit Gottes. Er lädt zu einem großen Festessen ein – und alle sind willkommen (Matthäus 22,1–14). Gottes Güte sprengt alle Vorstellungskraft. Der Theologe und Schriftsteller Lothar Zenetti beschreibt diese unfassbare Großzügigkeit so: „Einmal wird es Zeit, dass wir aufbrechen und bezahlen. Bitte die Rechnung. Doch wir haben sie ohne den Wirt gemacht. Ich habe euch eingeladen, sagt der und lacht, soweit die Erde reicht: Es war mir ein Vergnügen."

Von dieser Haltung inspiriert, ist das Tischgebet „Komm, Herr Jesus, sei unser Gast und segne, was du uns bescheret hast" entstanden. Damit machen sich Betende bewusst, wer der eigentliche Gastgeber ist.

Die vielleicht wichtigste Szene erlebter Gastfreundschaft ereignet sich in der nachösterlichen Begegnung der beiden Jünger auf dem Weg nach Emmaus (Lukas 24,13–35). Ein unbekannter Fremder gesellt sich zu den beiden verzweifelten Jüngern. Diese erkennen in dem Fremden Jesus nicht. Erst nachdem sie ihm, dem Unbekannten,

Gastfreundschaft erweisen und ihn einladen, mit ihnen zu essen und zu trinken. Plötzlich gehen ihnen buchstäblich die Augen auf, und sie erkennen den Auferstandenen.

Im Griechischen heißt Gastfreundschaft übrigens Philoxenia. Ein Begriff, der Philo (= Freund, zugetan) und Xenia (= Fremder, Gast) verbindet. Man könnte Philoxenia auch mit „Feindesliebe" oder „Fremdenfreundlichkeit" übersetzen.

Den Fremden, den Unbekannten nicht als Gegner und Feind anzusehen, ist vermutlich eine der herausragendsten Kulturleistungen und prägt menschliches Zusammenleben bis heute.

Der Theologe Karl Josef Kuschel sieht in der Abraham-Erzählung eine interreligiöse Dimension, die Judentum, Christentum und Islam verbindet. Wer sich an Abraham orientiert, weiß sich einer Praxis der Gastfreundschaft verpflichtet und lässt im eigenen Verhalten den Geist der Freundschaft spüren. Denn Abraham wird in den Heiligen Schriften von Juden, Christen und Muslimen „Freund Gottes" genannt: im Buch des Propheten Jesaja (41,8), im Brief des Jakobus (2,23), im Koran (Sure 4,125).

Vor dem Hintergrund fremdenfeindlicher Angriffe erscheint es sinnvoll und notwendig, diesen interreligiösen Ansatz in die gesellschaftspolitische Debatte einzubringen. Ein dem Geist Abrahams Verpflichteter, so könnte man sagen, hört auf, allein die Interessen seiner eigenen Nation oder Religion zu vertreten, und hat das Wohl aller Glaubenden im Blick. Der spürt und praktiziert Verantwortung, ist solidarisch und widerspricht, wenn eine Religion verunglimpft, ihre Angehörigen diskriminiert oder bedroht werden.

Diese Kultur der Achtsamkeit ist auf Gegenseitigkeit angelegt, auf eine Praxis wechselseitiger Gastfreundschaft. Sie im Alltag zu leben, verlangt Mut und Vertrauen. Darauf liegt die Verheißung, dass Menschen zum Freund statt zum Feind werden.

Der Engel, der die Welt rettet

„Wo aber Gefahr ist, wächst das Rettende auch."

FRIEDRICH HÖLDERLIN

Jetzt muss alles ganz schnell gehen. Es gibt Situationen, da kann und darf man nicht lange überlegen. Bei Notfallmaßnahmen ist das üblicherweise so. Jeder Handgriff muss sitzen. Und alle Instrumente griffbereit sein. Was braucht es in exakt diesem Katastrophenmoment, den Caro Scharrer hier festhält? Einen Rettungsanker! Der Engel stürzt sich kopfüber in die Tiefe. Aus den himmlischen Höhen, der Weite des Weltalls kommt er angeflogen, taucht durch die Wolkendecke. Da ist sie: die Erde. Noch ist es nicht zu spät. Gleich hat er sie am Haken und bewahrt sie vor dem freien Fall. Den Weltuntergang, die Apokalypse, kann er gerade noch verhindern.

„Die Welt aus den Fugen" – ein anderes Bild, um die Katastrophenerscheinungen zu beschreiben. Der Journalist Peter Scholl-Latour stellte 2012 ein Buch unter diesen Titel. Worte, die seither als Charakterisierung praktisch jeder Entwicklung immer richtig zu sein scheinen: Krieg, Terror, Vertreibung, Naturkatastrophen, Klimakrise, Erdüberhitzung – die Liste der Schreckensbilder ließe sich beliebig fortsetzen. Erfahrungen, die schon vor vierhundert Jahren William Shakespeares Hamlet sagen ließen, dass die Zeit aus den Fugen sei. Irgendwo ist immer Zeitenwende.

Zu Beginn des 19. Jahrhunderts prägt der Dichter Friedrich Hölderlin in seinem Patmos-Gedicht (1803) einen Satz, der zu einem geflügelten Wort wurde: „Wo aber Gefahr ist, wächst das Rettende auch." Patmos ist eine griechische Insel im Ägäischen Meer. Auf ihr gelangte, so zeigt ein Blick in das letzte Buch der Bibel, der Seher Johannes zu der Vision eines neuen Himmels und einer neuen Erde (Offenbarung 1,9; 21,1).

Hölderlins Gedicht knüpft an diese biblische Überlieferung an. Es beginnt mit einer zweifachen Erfahrung, die auch viele Glaubende umtreibt: „Nah ist / Und schwer zu fassen der Gott. Wo aber Gefahr ist, wächst / Das Rettende auch." Gott ist nah und bleibt doch für den Menschen schwer zu fassen. Die Verborgenheit Gottes lässt ihn abwesend erscheinen. Manchen geht er dabei ganz verloren. Wo und wie wächst dann das Rettende?

Hölderlin hat sein Patmos-Gedicht mehrfach überarbeitet. In einer späteren Fassung schreibt er: „Voll Güt ist. Keiner aber fasset / Allein Gott. / Wo aber Gefahr ist, wächst / Das Rettende auch." Gott ist voller Güte, so seine persönliche Gewissheit.

Um der Angst wirksam begegnen zu können, braucht es eine gehörige Portion Hoffnung. Aber ist Hoffnung nicht längst zu einem hohlen Wort geworden? Die nicht zuletzt, sondern gleich als Erstes stirbt. Der Funken, der kein Feuer zu entfachen vermag. Da hilft es dann auch nicht, mit dem Philosophen Ernst Bloch und seinem „Prinzip Hoffnung" oder mit dem Theologen Jürgen Moltmann und seiner „Theologie der Hoffnung" zu kommen. Zauberworte, die zu Phrasen verkommen sind, leere Beschwörungsformeln.

Ich will nicht zu früh aufgeben, denn ein Blick in die Bibel zeigt, dass die stärksten Hoffnungsimpulse von jenen gesetzt werden, deren Lage alles andere als rosig ist. Da muss man im Alten Testament nur die Psalmen oder die Bücher der Propheten lesen. Oder im Neuen Testament Paulus: „Hoffnung aber lässt nicht zuschanden werden ..." (Römer 5,5a). Vollmundiger geht es kaum.

Hoffnung ist eines der Zauberworte, mit denen der Apostel Paulus nur so um sich wirft. Es ist die Brücke zwischen der Not und Entbehrung von heute und dem Glanz von morgen. Die Dichterin Hilde Domin spricht von seinem Schritt ins Ungewisse: „Ich setzte den Fuß in die Luft und sie trug." Mehr Hoffnung geht nicht.

Hoffnung, das ist mit den Worten der Theologin Julia Koll „eine Sehhilfe über die Grenzen des Menschenmöglichen hinaus /das Weiter, aber nicht Weiter so, das Noch nicht / ein Ausstrecken wie das Räkeln am Morgen".

Paulus ist Realist, aber mit überraschenden Schlussfolgerungen: „Wir rühmen uns auch der Bedrängnisse, weil wir wissen, dass Bedrängnis Geduld bringt, Geduld aber Bewährung, Bewährung aber Hoffnung. Hoffnung aber lässt nicht zuschanden werden." Schön wär's, möchte man dem Apostel zurufen. Paulus also doch ein Träumer? Als gäbe es eine Garantie: Was auch immer geschieht, die Hoffnung wird wachsen.

Meine Erfahrung ist eine andere. Die Hoffnungsspirale des Paulus dreht sich in die entgegengesetzte Richtung: Bedrängnis lässt ungeduldig werden, Ungeduld führt zu Frust, und Frust mündet in Verzweiflung. Und am Ende steht die Hoffnungslosigkeit.

Die französische Philosophin Corine Pelluchon hat 2023 ein Buch unter dem Titel „Die Durchquerung des Unmöglichen. Hoffnung in Zeiten der Klimakatastrophe" veröffentlicht. Sie adressiert es an „alle, die unter Öko-Angst leiden, die Empörung, Verzweiflung, Wut oder Angst empfinden, weil ihre Umwelt zerstört wird und die Regierungen unfähig" oder unwillig scheinen, wirksam dagegen vorzugehen. Das Gefühl der Hoffnungslosigkeit ist Pelluchon nicht fremd: Zweimal litt sie schon unter Depressionen und hat am eigenen Leib erfahren, wie sich das anfühlt, ausgebrannt, innerlich leer und niedergeschlagen zu sein.

Hoffnung ist für Pelluchon das Gegenteil von Optimismus. Nichts, das einfach da wäre, also keine individuelle Ressource. Und auch nichts, das einfach programmierbar wäre, kein Verhaltensmuster. Hoffnung hat nichts mit sich Zusammenreißen, das Gute Sehen oder Kopf hoch zu tun. Es ist die „Rückkehr zum Leben", die vielleicht dann eingeleitet wird, wenn der dunkelste Punkt hinter einem liegt. Sie ereignet sich, wenn jemand alles loslässt und sich zugleich verbindet „mit der Kraft des Lebens, in der wir unseren Ursprung haben und die uns mit anderen Lebewesen verbindet", so Pelluchon.

Oder mit den Worten des Apostels Paulus: „Hoffnung aber lässt nicht zuschanden werden." In anderen Übersetzungen heißt es noch treffender: „lässt nicht verloren gehen", „nicht zu Schaden kommen". Hoffnung führt dann nicht ins Leere, sondern durch das Leere hindurch.

Hoffnung finden Menschen, höre ich immer wieder, wenn sie spüren, verbunden zu sein. Wenn andere ihr Interesse nicht aufgeben, auch nicht ihre Sympathie (griech.: Mitleid).

Damit sind wir beim großen Ganzen – unserer Gesellschaft. Zusammenhalt entsteht, wenn Menschen einander zuhören und einander vertrauen, miteinander reden und aneinander interessiert sind. Das kennzeichnet unsere Demokratie. Beides, Demokratie und Hoffnung, gehören für die Philosophin zusammen: „Die Gesundheit der Demokratie hängt von der Hoffnung ab."

Und davon, dass sie Menschen mobilisiert, deren Antriebskraft Hoffnung ist. Die sich nicht abfinden mit dem, was ist, sondern tun, was möglich ist.

Der Engel, bei dem es fünf nach zwölf ist

„Gott hat uns nicht gegeben den Geist der Furcht, sondern der Kraft, der Liebe und der Besonnenheit."

2. TIMOTHEUS 1,7

Seit jeher prägen Krisen, Zäsuren und Zeitenwenden das Leben der Menschen. Gefühlt ist es schon immer fünf vor zwölf. Ob es um atomare Rüstung geht, um Kriege, die weltweit steigende Zahl von Vertriebenen oder Naturkatastrophen.

Im Blick auf unsere Demokratie und das Erstarken rechtsextremer Kräfte hat Philipp Ruch unter Anspielung auf die Diktatur des Nationalsozialismus sein Buch unter den Titel „Es ist 5 vor 1933" gestellt. Auf die Frage nach einer Prognose, ob es angesichts der Gefährdung unserer Demokratie fünf vor zwölf oder drei vor zwölf ist, kommt der Kabarettist Christian Springer im Interview zu dieser Einschätzung: „Ich bin Optimist und sage: Es ist erst Viertel nach elf."

Einigkeit besteht vermutlich darin, dass bei fast allen Krisenthemen, die einem in den Sinn kommen, die Zeit weit fortgeschritten ist. Meist ist es höchste Zeit, Eile geboten, vielleicht fast schon zu spät, um wirksam gegenzusteuern.

Auf der Weltenuhr der Künstlerin Caro Scharrer sind die Zeiger längst weiter vorgerückt: Es ist bereits fünf nach zwölf! Und das Eis dünn geworden, auf dem wir uns bewegen. Die Risse sorgen für ein mulmiges Gefühl. Lange kann das nicht mehr gutgehen. Und jetzt?

Die Bibel erzählt, dass Gott in schier aussichtslose Situationen einen Engel schickt. Seine erste und wichtigste Botschaft richtet sich immer gegen die Angst: „Fürchtet euch nicht!" Ein Wort der Ermutigung und gegen die Erstarrung. Es gibt Kraft für den ersten Schritt zur Selbstermächtigung: eigene Talente, Fähigkeiten und Stärken entdecken, sich ein eigenes Urteil bilden, Verbündete suchen, sich vernetzen, Handlungsoptionen entwickeln und ausprobieren. Und: vertrauen. Im Vertrauen auf Gott haben Menschen immer schon ihre Wirkungsfähigkeit erweitern können.

Das *Dennoch* der biblischen Hoffnung hat jedoch keinen rationalen Anker. Es erweist sich aber als Kraftquelle. Und als Motivation, im Vorfindlichen nicht das Endgültige zu sehen. Wie es der evangelische Theologe Dietrich Bonhoeffer tat: „Mag sein, dass der Jüngste Tag morgen anbricht, dann wollen wir gern die Arbeit für eine bessere Zukunft aus der Hand legen, vorher aber nicht."

Was tun gegen das allgegenwärtige Grundgefühl der Angst. Keiner will sie, die Angst, aber jeder hat sie – mehr oder weniger stark ausgeprägt. Unser Lebensgefühl ist von Unsicherheit gekennzeichnet, analysiert der Psychologe Wolfgang Schmidbauer 2005 und spricht von einer neuen deutschen „Generation Angst". Noch nie hatten so viele Menschen so viel zu verlieren wie heute. Nina Pauer, Jahrgang 1982, nennt ihren ersten Roman „Wir haben keine Angst: Gruppentherapie einer Generation". Sie erzählt von Sebastian und Anna, zwei typischen Vertretern ihrer Generation. Und von den fünf Angstmachern, mit denen sie leben: Arbeit, Liebe, Freundschaft, Eltern und Politik.

Nina, Sebastian und Anna – die drei haben viel mehr Möglichkeiten als alle Generationen vor ihnen. Das ist Segen und Fluch zugleich. Dauernd muss man sich entscheiden: Was ist richtig? Nur: Wer weiß das schon? So wächst die Angst, die falsche Entscheidung zu treffen. Vor allem aber wächst die Angst, sich selbst zu verpassen, weil „wir die einzig richtige Version unserer Selbst dann nie gelebt hätten", schreibt Nina Pauer.

Ich bin 1962 geboren und kenne das auch: Mehr Möglichkeiten zu besitzen, als alle Generationen zuvor. Ich erinnere mich noch gut an die erste Landung auf dem Mond. Ich habe sie am Bildschirm erlebt. Meine Eltern haben mich in der Nacht vom 20. auf den 21. Juli 1969 aus dem Bett geholt, um die Live-Übertragung im Fernsehen anzuschauen. In jener Nacht schien im Blick auf die Zukunft alles möglich. Ich konnte das spüren. Aber das andere, die Angst, war auch da.

Angst gehört zum Leben. Sie ist für sich genommen nützlich und sogar sinnvoll. Ein wichtiges Signal, das uns vor Gefahren warnt und zugleich schützt. Aber sie kann auch krank machen. Die Übergänge zwischen Phobien, unkontrollierbarem Sich-Sorgen und einer alltäglichen Angst, sind durchaus fließend. Angststörungen gehören in Deutschland zu den häufigsten psychischen Erkrankungen. Dabei ist es nicht ganz einfach, eine genaue Grenze zu ziehen, wann die Angst krankhaft ist.

Angst geht auf das indoeuropäische Verb angh zurück – und bedeutet so viel wie einengen, zusammendrücken. Herzklopfen, Schweißausbrüche, Schwindel sind die Folgen von Angst, wenn einem buchstäblich eng ums Herz wird. Genau so habe ich das als Kind erlebt: Ich konnte kaum mehr atmen, es schnürte mir das Herz zu, und ich weinte.

Angst macht Menschen unsicher. Daraus wiederum folgt, dass Menschen die Zukunft pessimistisch einschätzen. Kein Wunder, dass sich angesichts der aktuellen Herausforderungen die Spirale der Angst weiterdreht. Viele Gefahren sind real. Weltweit wachsen Antisemitismus, Rassismus, Nationalismus. Was kann ich selbst tun, damit diese Ängste nicht weiterwachsen? Das frage ich mich auch im Blick auf meine Patenkinder. Wie bekommen sie genügend innere Widerstandskraft, Selbstwertgefühl und Zuversicht?

Angst ist auch ein Thema, das uns in der Bibel in vielfältiger Weise begegnet – etwa in dem Zuspruch „Fürchtet euch nicht!". Ein Vers mit Signalcharakter. Es ist vielleicht kein Zufall, dass dieser exakt 365 Mal in der Bibel vorkommt. Eine Dosis Ermutigung für jeden Tag des Kalenderjahres. Und eine Beruhigung, die ich mir nicht selbst zusprechen kann, sondern mir sagen lassen muss.

Der Apostel Paulus setzt der Furcht, der Verzagtheit und der Mutlosigkeit drei Gaben entgegen: Kraft, Liebe und Besonnenheit.

Kraft bedeutet nicht Kraftmeierei oder Überlegenheit. Das griechische Wort für Kraft heißt „dynamis". Der Geist, von dem Paulus spricht, ist eine Kraft, die motiviert, in Bewegung setzt. Da kommt Dynamik ins Spiel! Keine Abwärtsspirale, sondern Engagement, das voranbringt.

Aufbruchstimmung. Wo sie fehlt – in der Gesellschaft oder in der Kirche –, wirkt alles wie festgefügt: undurchdringlich, unabänderlich. „Das haben wir schon immer so gemacht!" Wir tun dann das, was wir eigentlich nicht wollen: verwalten statt gestalten.

Neben dem Geist der Kraft braucht es auch den Geist der Liebe. Er gibt jedem Menschen seine Würde und macht eine Gesellschaft so erst lebenswert. Er öffnet den Blick für die Bedürfnisse der Mitmenschen. Er befreit von der Gier, für sich selbst nicht genug bekommen zu können. Was ohne die Liebe erledigt wird, kann nur schiefgehen.

Neben dem Geist der Kraft und der Liebe nennt Paulus noch den Geist der Besonnenheit. Dieser wird – so scheint es – aktuell in Politik und Gesellschaft am dringendsten gebraucht. Mit anderen Worten: Es geht darum, umsichtig, vernünftig, ruhig, gelassen zu handeln.

Und es ist Selbstbewusstsein nötig, um gegen den Geist der Furcht bestehen zu können. Der Glaube bedeutet nicht, keine Angst mehr zu haben. Aber nicht der Angst gehört das letzte Wort, sondern der Ermutigung. Ich bin nicht hilflos. Vieles im Leben, in der Welt, ist buchstäblich zum Fürchten. Gottvertrauen ist eine Gegenkraft. Und Engel haben sie im Gepäck.

Der Engel mit der Spraydose

Auch Kinderrechte sind Menschenrechte.

Himmlische Boten schlüpfen in viele Rollen. Sie treten auch als Streetart-Künstler auf, wie in Caro Scharrers Bild. Ihr Engel kämpft um nicht mehr und nicht weniger als die Menschenrechte. Sie sind auch in Deutschland gefährdet. „Die Würde des Menschen ist unantastbar", lautet Artikel 1 des Grundgesetzes. Dass sie für alle gelten, scheint man aber immer wieder eigens betonen zu müssen. Dabei ist das doch selbstverständlich. Es heißt ja nicht: Die Würde des deutschen Menschen ist unantastbar.

Dass die Rechte von Kindern und Jugendlichen mehr Beachtung finden, ist auch nicht selbstverständlich. Klar: Jedes Kind hat das Recht auf alle Dinge, die es zum Leben braucht. Dazu gehören zum Beispiel Essen und Trinken oder eine ärztliche Behandlung. Auch zur Schule gehen zu dürfen, ist ein Kinderrecht, ebenso wie das Recht auf Spiel und Freizeit. Jedes Kind hat das Recht, gesund, umsorgt und vor Gewalt geschützt aufzuwachsen.

Es sind nicht erst Krieg, Vertreibung, Flucht und Naturkatastrophen, die einem vor Augen führen, dass die Schwächsten besonders schutzbedürftig sind. Auch die Corona-Pandemie mit ihren Auswirkungen weltweit und bei uns in Deutschland zeigt, dass die Rechte von Kindern und Jugendlichen im Alltag oft gar nicht im Blick sind.

Diesen Mangel zu beheben, dazu gab und gibt es in der Politik immer wieder Bestrebungen – z. B. Kinderrechte endlich auch im Grundgesetz zu verankern. Geschehen ist das noch immer nicht. Das zentrale Argument gegen eine Verankerung der Kinderrechte im Grundgesetz lautet, die Rechte der Eltern könnten im Verhältnis zum Staat geschwächt werden. Hier wäre dringend ein Perspektivwechsel nötig. Denn Kinder sind nicht zu betreuende Objekte, sondern Subjekte mit eigenständigen Rechten. Durch die Festschreibung in der Verfassung, so argumentieren die Befürworter, bekämen die Belange von Kindern endlich Gewicht. Sie müssten dann immer mitgedacht werden. Zum Beispiel in der Gesetzgebung oder in den Planungen vor Ort.

Im Sinne der UN-Kinderrechtskonvention sind Interessen von Kindern und Jugendlichen nicht bloß mit zu bedenken. Vielmehr müssten sie in der Abwägung politischer und rechtlicher Entscheidungen stets vorrangig berücksichtigt werden. Das ist gegenwärtig nahezu nirgends der Fall.

Kinderrechte sind Menschenrechte. In der Praxis werden sie jedoch kaum als solche erkannt und beachtet. Ihre Verankerung im Grundgesetz würde endlich dafür sorgen, dass sie als besondere Bedürfnisse und Interessen registriert werden.

Das viel beachtete Urteil des Bundesverfassungsgerichts aus dem Frühjahr 2021 zum Klimaschutz stellt die Generationengerechtigkeit in den Mittelpunkt. So finden die Rechte von Kindern und Jugendlichen explizit Anerkennung. Generationengerechtigkeit ist jetzt keine Floskel mehr, sondern erhält Verfassungsrang. In der Logik dieses Urteils liegt der Auftrag, Kinderrechte dauerhaft zu stärken.

Durch eine Festschreibung im Grundgesetz könnte dies ganz praktisch bedeuten, dass es neben Gleichstellungsbeauftragten auch Kinderbeauftragte oder adäquate Einrichtungen gibt, die die Interessen von Kindern nicht nur ermitteln. Vielmehr würde sichergestellt, dass diese ein verbindlicher Teil der Entscheidungsprozesse auf Bundes-, Länder- und kommunaler Ebene werden. Und es hätte zur Folge, dass alle Gesetze von vornherein kinderrechtskonform ausgestaltet werden müssten. Ganz nebenbei würde mit der Säule der Kinderrechte auch die Demokratie gestärkt. Darauf kann die Politik nicht verzichten.

Der Engel, der mir den Stein von der Seele wälzt

„Fürchtet euch nicht! Ich weiß, dass ihr Jesus, den Gekreuzigten sucht. Er ist nicht hier; er ist auferstanden."

MATTHÄUS 28,5F.

Kopf hoch! Manchmal hilft der Rat doch. Die Psychotherapeutin Claudia Croos-Müller empfiehlt diese einfache Übung: Halswirbelsäule aufrichten, Kinn anheben. Kopf hoch. Sich umschauen – und mal auf all die schönen Dinge achten. Wer mit negativen Gedanken und gesenktem Kopf durch die Welt läuft, hat genau dafür keinen Blick.

Viele der Übungen, die Croos-Müller vorschlägt, habe ich schon ausprobiert – und nutze sie regelmäßig selbst. Wenn mir alles zu viel wird. Eine meiner Lieblingsübungen ist der Schulterwurf: Beide Arme leicht nach vorne ausstrecken – mit den Handflächen nach oben. Dann die Arme abwechselnd mit Schwung von vorne nach oben und nach hinten bewegen. Über die Schulter – und weg mit dem Ärger und dem Stress. Mal links, mal rechts. Body2Brain-Methode nennt die Psychotherapeutin ihr Konzept. Übersetzt heißt das: Vom Körper in den Kopf. Mit anderen Worten: Die Bewegung beeinflusst unser Befinden.

Sich bewegen, das könnte ihnen guttun. Das haben sich vielleicht auch Maria von Magdala und Maria gedacht, als sie sich früh am Morgen auf dem Weg zu Jesu Grab machen. Zu Hause halten sie es nicht mehr aus mit ihrer Trauer, ihrer Verzweiflung, ihrem Schmerz.

In ihren Gedanken blitzt auf, was sie mit ihm alles erlebt haben. Traurige wurden getröstet und fanden neuen Lebensmut. Kranke wurden geheilt, sie wurden gesund an Leib und Seele. Menschen, die unter der Last ihrer Schuld litten, bekamen die Chance eines Neuanfangs. Sie haben mit ihm gefeiert und seine Predigten waren nie langweilig. Ihr Leben hat neuen Schwung bekommen. Alles schien plötzlich möglich. Doch mit dem Tod ihres Freundes ist nun alles aus. Und irgendwie sinnlos. Am Karfreitag wurden all ihre Hoffnungen begraben. Felsenschwer liegen die Trauer und Traurigkeit auf ihnen.

Das Matthäusevangelium erzählt, wie die beiden Frauen auf dem Weg zum Grab plötzlich aus ihren Gedanken gerissen werden. Die Szene ist filmreif: Die Erde bebt. Ein Engel wälzt den riesigen Stein vor dem Grab Jesu weg. Das ist auch für einen, der im Auftrag Gottes kommt, Schwerstarbeit. In Caro Scharrers Bild muss der Engel alle Kraft zusammennehmen. Seine Körperhaltung – gebeugtes Knie und ausgestreckte Arme – zeigt, was für eine Anstrengung von ihm verlangt wird. Auf einmal ist der Stein weg, das Grab offen – und leer.

Dann wendet sich der Engel zu Maria und Maria von Magdala. Seine Botschaft: „Fürchtet euch nicht! Jesus ist nicht hier. Er ist auferstanden. Ihr werdet ihn wiedersehen." Die beiden Frauen wissen nicht so recht, was sie davon halten sollen. So eine Nachricht muss man erst einmal verdauen. Furcht und große Freude löst sie aus, schreibt Matthäus. Auf einmal lösen sie sich aus der Schockstarre – und rennen los. Das müssen sie ihren Freunden und Freundinnen erzählen. Die werden Augen machen! Noch können sie es selbst kaum glauben...

Jesu Tod ist nicht der Schlusspunkt der Geschichte. Und erst recht nicht das letzte Kapitel der Geschichte

Gottes mit uns Menschen. Wir müssen unser Vertrauen, unser Hoffen und unser Lieben nicht mehr unter Leid und Todeserfahrungen begraben.

Auf dem Rückweg wird es den Frauen mit jedem Schritt leichter ums Herz. Der Stein fällt ihnen buchstäblich von der Seele. Kein Vergleich zum Hinweg. Da war der Druck auf der Brust schwer. Sie konnten nicht mehr richtig durchatmen, waren angespannt und verkrampft, niedergedrückt. Niederlagen machen klein. Sie rauben Zuversicht und Gottvertrauen. Am schlimmsten sind die Verunsicherung und die Perspektivlosigkeit, die daraus folgen. Doch auf einmal ist die Last weg. Endlich kann ich aufatmen, durchatmen, aufschauen.

Auf dem Bild sieht es so aus, als drückte ein riesiger Seelenstein die Frauen nieder. Tonnenschwer liegt er auf ihrem Kopf, auf ihrem Leben. Und jetzt – ist er weg! Als habe sich das „Nimm von meiner Brust den Stein. Lass mich, Engel, nicht allein" (Werner Bergengruen) erfüllt. Das genau ist Ostern. Die vielen Brocken – Enttäuschungen, Frust, Niederlagen, Wut, Trauer – sind nicht mehr da. Der schwere Rucksack plötzlich leer.

Oder es fühlt sich auf einmal nicht mehr so schwer an. Den Frauen wird klar: Ihr Glaube an Jesus ist nicht am Ende. Er lässt sich nicht begraben. Dieser Glaube steht immer wieder auf. Der Theologe und Schriftsteller Lothar Zenetti formuliert diese Erfahrung so: „Mir ist ein Stein vom Herzen genommen: Meine Hoffnung, die ich längt begraben hatte, ist auferstanden."

Übrigens: Aufstehen und auferstehen, das ist im Neuen Testament dasselbe Wort (griech: anhistemi bzw. egeirein). Menschen stehen auf, wenn sie krank waren oder zu einer Reise aufbrechen. Es ist kein Zufall, dass die Bibel mit einem Alltagswort beschreibt, wie Menschen heil werden. Und was Ostern passiert: Jesus steht auf.

Die verwandelnde Kraft der Auferstehung kann im Leben, im Alltag, im Möglichkeitsraum Gottes erfahren werden. Die Furcht verliert ihre einschüchternde und oft lähmende Wirkung. Wo ich völlig erschöpft und am Ende bin, da entsteht Neues.

Ostern heißt: Gottes Lebenskraft reicht über unsere Grenzen hinaus, selbst dorthin, wo Tod und Ausweglosigkeit und Gewalt regieren. Die Bibel erzählt, wie Menschen immer wieder aufgestanden sind. Sie macht Mut, sich von dieser Kraft motivieren, anstecken zu lassen. Die Dichterin Marie Luise Kaschnitz nimmt diesen Gedanken in einem Gedicht auf:

Manchmal stehen wir auf
Stehen wir zur Auferstehung auf
Mitten am Tage

Es ist die ganz alltägliche Erfahrung, die schon jetzt, vor dem Tod, zu spüren ist. Mitten im Leben. „Mitten am Tage" wird etwas anders, das mich aufstehen lässt, das mich sogar antreibt, ich gar nicht stehenbleiben kann.

Der Engel schiebt den Stein auch vor dem Grab weg, in dem meine Hoffnung begraben ist.

Ostern heißt: Die Hoffnung, die Jesus verkörpert hat, lässt sich nicht auslöschen. Sie steht immer wieder auf.

„Seid ohne Angst!", ruft der Engel den Frauen zu. Bleibt nicht am Grab stehen. Geht zurück nach Galiläa. Das Neue beginnt im Vertrauten. Dort, mitten im Leben, geht die Geschichte weiter. Die (Oster-)Freude ist stärker als die Furcht. Sie weckt in den Menschen Hoffnung. Setzt in Bewegung. Stiftet Lebensmut. Feiert das Leben. Wo das nicht geschieht, wo wir nicht aufstehen, bleibt alles beim Alten. Aber alles kann gut werden. Die Kraft der Auferstehung wird dort sichtbar und spürbar: wo Menschen einander Gutes tun, beistehen, ermutigen. Wenn Menschen nach Schicksalsschlägen, Krisen oder Konflikten wieder ins Leben zurückfinden.

Auferstehung hat mit Aufstehen zu tun: wenn Menschen sich stark machen für eine gerechtere Welt; wenn sie aufstehen für Gerechtigkeit, Chancengleichheit, Toleranz, Akzeptanz und Nächstenliebe. Wo das geschieht, ist die Auferstehung schon jetzt spürbar. Und der schwere Seelenstein weggewälzt.

Der Engel, der die Welt im Gleichgewicht hält

Gegengewichte des Himmels: Hoffnung,
Schlaf – und Lachen.

Was aussieht wie ein Spiel, ist Realität. Das Gleichgewicht der Erde ist gestört. Wieder einmal. Aber diesmal scheint die Lage ernster als je zuvor. In schwierige, verfahrene und schier aussichtslose Situationen schickt Gott einen Engel. Der diesmal ranmuss, ist schon älter.

Der Engel mit Drei-Tage-Bart in Caro Scharrers Bild hat bereits viele Einsätze hinter sich. Vielleicht wurde ihm aufgrund seiner langjährigen Erfahrung der aktuelle Auftrag erteilt. Aber auch krisenerprobte Helfer kommen an ihre Grenzen. Den Kopf auf die Hand gestützt, die Stirn in Falten: Was der Engel sieht, lässt ein Gefühl der Verzweiflung ahnen. Kann das Gleichgewicht erneut hergestellt und alles wieder ins Lot gebracht werden? Was muss dafür aufgeboten werden? Und wie viel Zeit bleibt für die neuerliche Rettungsaktion?

Balance halten ist wichtig. Gezieltes Training schult den Gleichgewichtssinn und stärkt die Tiefenmuskulatur. Hab ich beim Yoga-Training gelernt. Die Effekte liegen auf der Hand: eine bessere Haltung, mehr Beweglichkeit und weniger Verletzungen.

Die körperliche Komponente hat eine seelische Entsprechung. Denn es geht auch um das innere Gleichgewicht, die „Body und Soul Balance" oder auch die „Work-Life-Balance". Das französische Wort „Balance" stammt aus dem Lateinischen „bilanx" und bedeutet „zwei Waagschalen habend". Und die müssen immer in einen Ausgleich gebracht werden. Was für den Menschen gilt, trifft auch auf die Welt zu. Wenn das Gleichgewicht bei mir selbst gestört ist – zu viel Stress, zu wenig Schlaf –, dann spür ich das sofort. Wenn es die Welt betrifft, dann dauert es mitunter lange, bis die Folgen des Ungleichgewichts sichtbar werden.

Wobei: Es gibt Analysen, die man als Frühwarnsystem verstehen kann. Zum Beispiel die Studie des Club of Rome aus dem Jahr 1972 zur Lage der Menschheit. Ihr Titel: „Die Grenzen des Wachstums". Als sie veröffentlicht wurde, war ich zehn Jahre alt. Begegnet bin ich der Analyse, die vor den Folgen wirtschaftlichen Wachstums auf die natürliche Umwelt warnte, in der Schule. Dass die Ressourcen begrenzt sind und es deshalb Wachstumsgrenzen geben könnte, hat mich früh überzeugt. Schon damals gab es Initiativen, die Menschen für diese Themen sensibilisierten. Ich erinnere, wie ich Aufkleber mit dem Motto „Nicht mehr verschwenden, sinnvoll verwenden" zu Hause im Badezimmer an den Spiegel über dem Wasserhahn klebte. Und welche Debatten das mit meinem Vater nach sich zog, der das alles für übertrieben hielt.

Auch heute halten viele Menschen die Hinweise auf die Begrenztheit der Ressourcen für übertrieben. Manche sehen sich in dieser Haltung bestätigt – auch mit Blick auf die Studie des Club of Rome –, denn viele Prognosen sind gar nicht eingetroffen.

Für Entwarnung gibt es aber keinen Anlass. Man muss sich nur die Ergebnisse anschauen, die die Erdsystemforschung liefert. Sie interessiert sich für das Zusammenwirken von physikalischen, chemischen, biologischen und gesellschaftlichen Komponenten, Prozessen und Wechselwirkungen auf der Erde. Von der Geologie über die Ökologie bis zur Soziologie und Kulturwissenschaft. Untersucht wird dabei die Beziehung von Mensch und Umwelt. Erforscht wird die Verantwortung des Menschen für die gesamte Umwelt (Anthropozän). Erkundet werden die planetaren Grenzen, mögliche Kipppunkte und Handlungsoptionen für eine wirklich nachhaltige Entwicklung, die die Interessen künftiger Generationen berücksichtigt.

Was der Engel vor sich sieht, scheint wenig ermutigend. Seit Menschengedenken ist die Erde bedroht. Auch und gerade durch menschliches Handeln selbst. Krieg, Terror, Zerstörung, Intoleranz, Hass. Das ist ja nicht zum Aushalten! Junge Leute sorgen sich um ihre Zukunft. Und wenn ich morgens die Nachrichten höre und online die letzten News abrufe, dann erreicht mein eigener Frustpegel schon früh einen Höchststand. Und Besserung? Ist leider nicht in Sicht. Aber viele arbeiten daran, denn Aufgeben ist keine Option.

Die Welt in Balance zu halten, wird immer schwieriger. Nicht auszudenken, wenn das nicht gelingt und sie womöglich von der Waage fällt. Was braucht es, um wirksam gegenzusteuern? Was der Engel auf die Waage legt, hat sein eigenes Gewicht: Menschlichkeit, Empathie, Toleranz, Liebe. Das sind Gegengewichte, die dafür sorgen, dass die Erde im Gleichgewicht bleibt. Und für die sind wir Menschen verantwortlich. Es mag naiv klingen, zu sagen, jeder und jede kann einen Beitrag leisten. Aber es stimmt!

Eines Tages hat auch mein Vater die Wasserspar-Aktion unterstützt.

Der Philosoph Immanuel Kant würde gewiss alles gutheißen, wo Menschen Verantwortung übernehmen – wenn aus Wissen und Erfahrung die Überzeugung reift, dass auch der kleinste Beitrag wichtig ist.

Apropos Kant. Einmal beruft er sich sogar auf einen Philosophen-Kollegen, wenn er schreibt: „Voltaire sagte, der Himmel habe uns zum Gegengewicht gegen die vielen Mühseligkeiten des Lebens zwei Dinge gegeben: die Hoffnung und den Schlaf. Er hätte noch das Lachen dazurechnen können." Das sind Gegengewichte, deren Wirkung nicht zu unterschätzen ist.

Autor & Künstlerin

Udo Hahn, ist Pfarrer und Rundfunkprediger. Seit 2011 leitet Hahn als Direktor die Evangelische Akademie Tutzing am Starnberger See, zudem ist er als Autor und Herausgeber zahlreicher religiöser Sachbücher und spiritueller Texte tätig.

Caro Scharrer ist autodidaktische Künstlerin in Lauf an der Pegnitz und hauptberuflich Fachkrankenschwester für Anästhesie- und Intensivmedizin. Seit 1999 sind ihre Werke verschiedener Stil- und Technikvariationen in zahlreichen Ausstellungen zu sehen, u. a. zweimal in Les Clayes-sous-Bois bei Paris.